तितिक्षा

तितिक्षा

माणिक मुंडे

वाणी प्रकाशन

वाणी प्रकाशन
4695, 21-ए, दरियागंज, नयी दिल्ली 110 002
शाखा
अशोक राजपथ, पटना 800 004
फ़ोनः +91 11 23273167 फ़ैक्स: +91 11 23275710
www.vaniprakashan.in
vaniprakashan@gmail.com

TITIKSHA
by Manik Munde

ISBN : 978-93-5000-745-7
Ghazals/Poem

प्रथम संस्करण 2011
द्वितीय संस्करण 2012
रेखांकन : निशि सिंह

₹ 250

आर. टेक ऑफ़सेट, दिल्ली-110095 में मुद्रित

वाणी प्रकाशन का लोगो मक़बूल फ़िदा हुसेन की कूची से

प्राकृतिक चेहरा
मनुष्य का
जन्म से था जो पहले
और
मृत्यु के भी होगा बाद...

तमहोद

तक़रीबन दो साल पहले 'आइना-मुआइना' नाम से मेरा कविता संग्रह प्रकाशित हुआ। इस बार यद्यपि, उपन्यास लिखने का संकल्प था और उसकी शुरुआत भी हो चुकी थी परन्तु कविताओं के उद्गाढ़ उद्गम के आगे उपन्यास को बहरहाल हार माननी पड़ी। दो हयन के सँकरे काल खण्ड में एक और कविता संग्रह पाठकों के हाथ सौंपने में अगर कोई प्रसन्नता अनुभव करता है तो क्या उसे अस्वाभाविक कहा जाएगा?

मेरी कविताओं के तुम और मैं ऐसे अभिन्न हैं जैसे एक ही सिक्के के दो पहलू। कभी तुम मैं होता हूँ तो कभी मैं तुम। जो बात मुझे खुद को सुनानी होती है कभी-कभी तुम्हें सुना देता हूँ और दरअसल जो तुमसे कहनी थी वह अपने आप से कह लेता हूँ। किन्हीं मौकों पर मैं अपने आप पर ही गुस्सा उतार लेता हूँ। खुद ही खुद से शिकवे-शिकायतें भी करता हूँ। फिर मनाता और सहलाता भी हूँ। खुद ही का प्रबोधन भी करता हूँ। भले ही अँगुली का संकार बाहर की तरफ़ दिखता हो परन्तु लक्ष्य स्वयं होता हूँ। जब तुम्हीं से गुफ़्तगू करनी होती है मैं अपना माध्यम चुन लेता हूँ। तात्पर्य यही कि जो भी ज़्यादा सहजतापूर्ण एवं सरल लगे मैं उसी तरकीब का अंगीकार करता हूँ। हो सकता है कि मेरे भीतर के मैं और तुम अनायास ही तुम्हारे भीतर के मैं और तुम से मेल खाएँ। हो सकता है कि मेरी पुकार तुम्हारे कानों पर भी दस्तक दे। हो सकता है कि मेरी आवाज़ तुम्हें भी जगा दे। संयोगवश, कभी-कभी ऐसा होता है कि एक ही सराय में कई मुसाफ़िर सोए होते हैं। मेरा नाम राम है। उन सोए मुसाफ़िरों में और भी कई राम हो सकते हैं। खुद को जगाने के लिए मैं अपने ही नाम की गुहार लगाता हूँ। मुमकिन है कि मेरी ये सदा उस सराय में सोए किसी और राम की भी नींद खोल दे।

दुनिया का हर आदमी अपने आसपास विचारों का घेरा बना लेता है। व्यक्ति के चारों ओर उसके व्यक्तित्व का ऊर्जा मण्डल बन जाता है। उस ऊर्जा का परिणाम घेरे के अन्दर उतरने वाले चराचर पर होता दिखाई देता है। संगीतज्ञ कहते हैं कि किसी कक्ष में कोई वीणावादक यदि वीणा बजा रहा हो तो उसकी तरंगें पूरे कक्ष को भर देती हैं। उस कक्ष में अगर कोई वीणा निश्चेष्ट पड़ी हो तो बिना छेड़े ही उसके

तार भी कँपने लगते हैं। जैसे जागा आदमी किसी निद्रिस्त आदमी को जगा सकता है वैसे ही सोए आदमी के पास बैठने मात्र से नींद आनी शुरू होती है। पड़ोसी जंभाई लेने लगे तो हमको भी जंभाई आने लगती है यह तो साधारणतया सभी का अनुभव है। यह इस बात का प्रमाण है कि जो अपने भीतर घटता है वही बाहर भी तरंगित हो जाता है। ये तरंगें एक से दूसरे की तरफ़ संक्रमित भी हो जाती हैं। गाने की महफ़िल में पहुँचकर गाने का मन होगा। दूसरों को नाचते देखकर हमारे भी पैर थिरकने लगेंगे। किसी रोते हुए आदमी का आगमन पूरी महफ़िल को उदास बना सकता है। मस्त लोगों के पास बैठो तो मस्ती छा जाएगी। मेरी ये सदा सुनकर बाहर के किसी राम से प्रत्युत्तर मिले और उसका मेरे भीतर के राम से तादात्म्य हो जाए तो सोने पे सुहागा। इन मौक़ों को मैं असाधारण-सी ममारक घटनाओं के नाम से सम्बोधित करता हूँ।

पूँजीवाद, विलासांधता का विसरण एवं विश्वव्यापारीकरण और उदात्तीकरण के बदलाव से इनसान की मूलभूत विचारधारा बदली-बदली-सी नज़र आती है। आदमी के सोचने का अन्दाज़ अब वो नहीं रहा। आधुनिक आदमी की जीवनचर्या और सिद्धान्त पूरी तरह भिन्न हैं। बदलाव का रसूख़ उसकी पसन्द-नापसन्द पर भी प्रतिबिम्बित होता हुआ दिखाई देता है।

आज हास्य-व्यंग्य का माहौल है। हास्य कलाकारों की रेल-चैल है। पर बुनियादी सवाल यह है कि जो दूसरों को लोटपोट होने तक हँसाते हैं क्या वे खुद भी कभी हँसते हैं? क्या सतह पर जो हँसी-खुशी दिखती है वैसी ही उनके अंतरंग में भी है? क्या भीतर वाक़ई आनन्द के फ़व्वारे उद्‌भावित हो रहे हैं? कहीं यह सब कुछ यन्त्रवत तो नहीं? उधार तो नहीं? ऊपरी-ऊपरी तो नहीं। कहीं यह खुशखयाली झूठी तो नहीं?

मनुष्य का अन्तःस्थ गहन अशान्ति, विषाद और पीड़ा से भरा है। आदमी ऊपर से जैसा है भीतर से क़रीब-क़रीब उसका विपरीत है। बाहर से शान्ति की ओढ़न पहननेवाले के भीतर बेहिसाब शोर है न कि संगीत। निविड़ अँधेरा है न कि प्रकाश। इनकी मुस्कुराहटें झूठी हैं। इनकी खुशियाँ झूठी हैं। इनके मनोरंजन झूठे हैं। इन के दर्शन झूठे हैं। आदमी झूठ के जाल में नखशिखांत फँस चुका है।

फ्रेड्रिक नीत्शे से पूछा गया कि, 'फ्रेड्रिक, क्या बात है, आपको जब भी देखते हैं, हँसता हुआ देखते हैं? आख़िर, आपकी इस हँसी का क्या राज़ है? क्या आपके जीवन में दुःख के लिए जगह ही नहीं?' नीत्शे का जवाब बड़ा शोचनीय था। यह उत्तर हर व्यक्ति को अन्तर्मुख न करा दे तो ही आश्चर्य। वे कहते हैं कि, 'हक़ीक़त में मैं अगर हँसूँगा नहीं तो मान लो रो दूँगा। अन्तःकरण इतने कष्ट और पीड़ाओं से भरा है कि मुझे बेहिसाब रोना आता है जिसका दमन करने का मेरे पास मात्र

एक उपाय है और वह है हँसना। इससे पहले कि भीतर से रोना फूटे और फिर उसे रोकना मुश्किल हो जाए मैं बाहर से हँसना थोप देता हूँ।' कहीं यही बात इन ज़रीफ़ एवं हास्य प्रेमियों के बारे में भी तो सच नहीं? कहीं इनकी सतह और अन्तरंग में भी वैसा ही विरोधाभास तो नहीं? कहीं इनकी यह फ़रहत और विहसन केवल अभिनय तो नहीं? कहीं यह बाहर से आरोपित तो नहीं? यह मुस्कान किसी पीड़ा या हतबुद्धि का प्रमाण तो नहीं?

दुःख और पीड़ा के दरमियान खड़ा है आज का मनुष्य। इसमें ज़रा भी शक नहीं कि दुकान और मकान सुन्दर हो रहे हैं मगर उन परिवारों का क्या? परिवारों की शक्ल दिन-ब-दिन कुरूप क्यों बन रही है? इसमें सन्देह नहीं कि आदमी कुछ पा तो रहा है। किन्तु जितना पा रहा है उससे कहीं ज़्यादा खो रहा है। जो खो रहा है उसका ठीक से दर्शन भी नहीं हो रहा है। फिर भी भीतर कुछ चुभ तो रहा है। मन की किसी गहराई में कुछ खो जाने का अस्पष्ट बोध तो है उसे। जो खोया है उसे कैसे पाया जाए यह विवंचना आदमी को और विवशता की तरफ़ ले जाती है। यही वजह है कि आदमी सदा बेचैन है, उदास है, दुखी है, उखड़ा-उखड़ा है। अपने इस विरूपण के लिए कोई दूसरा नहीं बल्कि मनुष्य स्वयं ही ज़िम्मेवार है।

प्रेम और शराब ये शब्द अलग-अलग अर्थों में उपयोग में लाए जाते हैं। एक तो वह प्रेम जो हीर-राँझा में था, जोधा-अकबर में था, लैला-मजनूँ में था और दूसरा पारलौकिक प्रेम जो कि मीरा-कृष्ण के बीच था, शबरी-राम के बीच था, भगवान-भक्तों के बीच होता है। वैसे ही शराब-एक तो वह शराब जो मैखानों में, महफ़िलों में, रेस्तराओं में उँड़ेली जा रही है और दूसरी जो कुदरती मैकदे से ढाली जा रही है, जो मन्दिरों की प्रार्थनाओं की गूँज में उलीची जा रही है, जो भजनों के आलापों में और नृत्यों की थिरकनों में लहक रही है, और वह शराब जो काव्यों के आशयों में और गीतों की कड़ियों में निरन्तर झर रही है। कहते हैं ना कि 'असली शराब तो आत्मा से झरती है अंगूर से नहीं'। मेरा इशारा यद्यपि, दूसरी तरह के प्रेम और शराब की तरफ़ होगा तब भी पाठक तो अपनी ही पसन्द का अर्थ निकालेंगे। फिर उनकी स्वतन्त्रता में बाधा डालनेवाला मैं कौन होता हूँ?

इस कविता संग्रह में छन्दोबद्ध और छन्दमुक्त दोनों प्रकार की रचनाएँ संग्रहित हैं। हालाँकि छन्दमुक्त कविताओं की संख्या दर्जन भर से कम है। जिन कविताओं में अर्थ एवं आशय शब्द प्रयोजन से ज़्यादा महत्त्वपूर्ण लगे और जिन्हें छन्दों में लाने से अर्थ खो जाने की सम्भावना दिखाई दी उन रचनाओं को जानबूझकर छन्दमुक्त रखा गया है। तितिक्षा की रचनाओं में हिन्दी के साथ-साथ उर्दू और फ़ारसी में प्रचलित छन्दों का भी प्रयोग किया गया है।

एक मित्र जिन्होंने प्रकाशन पूर्व इस पुस्तक में समाहित रचनाएँ पढ़ीं और कुछ शब्द हटाने की हिदायत दी यह कहकर कि वे शब्द हिन्दी कविताओं में प्रचलित नहीं हैं। मतलब यह कि मैं भी उन्हीं शब्दों का प्रयोग करूँ और वही बातें दोहराऊँ जो पहले कही-सुनी जा चुकी हैं। मैंने कहा कि माफ़ कीजिए साहब, ये मुझसे न होगा। नए लफ़्ज़ों को कविता में स्थान देना अपराध है? ठीक है कि पहले शब्द प्रचलित नहीं थे पर हो जाएँगे। भाषा विकास कार्य से जुड़े विद्वतजनों को इस तरह का संकुचित दृष्टिकोण रखना क्या उचित है? एक भाषा से शब्द का संक्रमित होना और दूसरी का अंग बन जाना इसमें प्रापक भाषा का नुक़सान कैसा? शब्द आता है आने दो। स्वागत करो उसका तहेदिल से। ये तो भाषा के विकास और सशक्तीकरण का एक सुनहरा अवसर है। आख़िर भाषा है क्या -- मन के भाव को अभिव्यक्ति देने का माध्यम। क्या कोई विपरीत असर पड़ता है किसी नए लफ़्ज़ के आ जाने से भाषाकोष की हशमत पर? कोई भी अदबी व्यक्ति नक़्शे पर खींची गयी टेढ़ी-तिरछी लकीरें क्या बर्दाश्त करेगा? अगर नहीं तो फिर भाषाओं के बीच अब तक ये लकीरें बचीं कैसे? इन्हें भी हटा देने की सई क्यों न करें?

हमारे प्रकाशक मित्र अरुणजी एक नामांकित प्रकाशक होने के साथ-साथ साहित्य के उत्तम जानकार भी हैं। आमतौर से रचनाकार नई रचनाएँ अपने मित्रों को पति-पत्नी को या किसी साहित्य रसिक को सुनाकर उनकी राय लिया करते हैं। परन्तु मेरी कई रचनाओं के पहले श्रोता अरुणजी खुद थे। उनकी ऐसी आदत है कि कोई रचना उन्हें पसन्द आ जाती है तो वे प्रत्यक्ष रूप से प्रतिक्रिया देते हैं अन्यथा अप्रत्यक्ष रूप से सुझाव। तब समझना होता है कि और भी संशोधन के लिए गुंजाइश है। उनके इस विशेष योगदान के लिए मैं उनका हृदय से आभारी हूँ।

एक महानुभाव हैं जिनका नाम है जनाब उबैद आज़म आज़मी। उबैद साहब नामज़द और सफल शायर हैं पर उन्हें इसका जरा भी हमेव नहीं। रचना सुनने के लिए और सुझाव देने के लिए हमेशा मुस्तैद। मैं तहेदिल से उन्हें धन्यवाद देता हूँ।

साहित्यकार मित्र अवनीश कुमार दीक्षित, कैलाश सेंगर और अन्य सभी हितैषी जिनसे प्रत्यक्ष व अप्रत्यक्ष रूप से इस सृजन कार्य में प्रोत्साहन तथा सहयोग मिला उन सभी के प्रति अनुगृहीत हूँ।

बांद्रा, मुम्बई
गुडीपर्व, 2011

माणिक मुंडे

मानवीय अस्तित्व को अभिव्यक्ति देने वाली कविताएं

मानवीय अस्तित्व की सम्भावनाओं को अभिव्यक्ति देनेवाली ये माणिक मुंडे की काव्य कश्तियाँ हैं जिन्हें वे खूबसूरती से काव्य सागर में उतार देते हैं और फिर देखते हैं कि मन की तरंगें जीवन की किस गहराई से मुख़ातिब हैं। इसे बयान करने के लिए वे शब्दों को बे-वजह टेढ़ा-मेढ़ा नहीं करते बल्कि एक चित्रकार की तरह सूक्ष्म तूली से काव्य व्यक्तित्व को तराशते हैं, सँवारते हैं और दर्शाते हैं। कविता को ऐसे ही चित्रकार की ज़रूरत होती है - अपने आपको और पाठकों को स्वयं में दर्शाने की।

- राजविंदर सिंह

पोएट लॉरिट, प्रीयर, जर्मनी।

शायरी नये ज़ाविये और अनोखे ज़ायके की

कविता मनुष्य के वैचारिक विकास की रौशन दलील है। शायरी शऊर और विजदान की उस चरम सीमा का नाम है जिसमें ख़याल, विषय या तहरीर अपनी समग्रता में समा जाते हैं। शायरी को उस मकाम तक ले जाने के लिए एक बहुत संवेदनशील और होशियार तबीयत का होना ज़रूरी है।

एक अच्छे शायर के लिए जीवन का बहुत गहरा चिन्तन ज़रूरी हुआ करता है क्योंकि जीवन के मौलिक तथ्यों पर ही शायरी की बुनियाद खड़ी होती है। माणिक मुंडे साहब की शायरी का चिन्तन करते समय इन्हीं तथ्यों का दर्शन होता है। माणिक मुंडे साहब एक सुसंस्कारित शख़्सियत के मालिक हैं। उनका शऊर पुख़्ता और ख़यालात बालीदा हैं। उनकी शायरी बेसम्ती का शिकार नहीं है बल्कि मक़्सद से भरी हुई अपने आप में एक मिसाल है। उनकी शायरी में जा-ब-जा सन्देशों और कला की बेहतरीन कदरें मिलती हैं, वर्तमान साँस लेता महसूस होता है।

हम सभी साहित्यकारों की यह सामयिक ज़िम्मेदारी है कि अन्य भाषाओं के ऐसे शब्द प्रयोग में लाएँ जो हमारे रोज़मर्रा की ज़बान बन सके। माणिक मुंडे साहब अपनी निगारिशात में यह दायित्व बखूबी निभाते नज़र आते हैं। तितिक्षा में कई विषयों पर तबा-आज़मायी की गयी है। माणिक मुंडे साहब ने अपने इस काव्य संग्रह में निगारिश के कई अन्दाज़ अपनाए हैं। उन्होंने अपनी नज़्मों में कहीं बहुत सादा तो कहीं बहुत तरहदार भाषा का इस्तेमाल किया है। तितिक्षा के खयालात भी कहीं बहुत सरल और आम फ़हम हैं तो कहीं बहुत कठिन और तहदार। शेरी असलूब

का यही वह मोड़ है जो हिन्दी के विद्वानों को माणिक मुंडे साहब की ओर आकर्षित करता है। उनका शेरी रवैया हमें उस माहौल में ले जाता है जहाँ मानवता की उच्चतम क़द्रें परवान चढ़ती दिखाई देती हैं।

माणिक मुंडे साहब ने ख़यालों की गुज़रगाह पर चलते हुए अपने गिर्दो-पेश पर गहरी नज़र रखी है। यही कारण है कि उनके यहाँ विषय विविधता के साथ-साथ हुस्ने इदराक की मुसव्विरी भी नज़र आती है। उनकी शायरी में एक तबस्सुम है जिसमें सदाक़त की ठंडक और भावनाओं की गर्मी महसूस की जा सकती है। सामग्री के सन्दर्भ में यह बेझिझक कहा जा सकता है कि मुंडे साहब अतीत के अमानतदार, हाल के पासदार और भविष्य के मंज़रनिगार हैं। यह विशेष अन्दाज़ ही इस काव्यसंग्रह के स्टाइल का बुनियादी तत्त्व है। तितिक्षा की नज़्मों, गज़लों, रुबाइयों, गीतों और दोहों में अफ़कार की दबाज़त और दरूँ बीनी है। इजहारे बयान में दिलावेज़ी और क़ाबिले रश्क बर्जस्तगी है। उनके मिज़ाज में मुसलसल तड़प और आफ़ाक़ी दर्दमंदी है। उन्होंने जी खोलकर नए अप्रचलित शब्द प्रयोग किए हैं। वह शायरी की औपचारिक सीमाओं में विस्तार लाना चाहते हैं। यह कोशिश मुंडे साहब की शायरी का मूल जौहर है। तितिक्षा की शायरी नये ज़ाविए और अनोखे ज़ायक़े की शायरी है जो मुझे भी बेहद पसन्द है।

- उबैद आज़म आज़मी

दुख और पीड़ा के दरमियान खड़े आदमी की कविताएँ

बहुत कम कवि और शायर हमारे इस दौर में हैं, जिनकी कविताओं-रचनाओं से गुज़रते हुए हमें अचानक अपने समय का जीता-जागता इंसान मिल जाता है। तब वह कविता कागज़ पर स्याह इबारत का कोई बेजान दस्तावेज़ भर नहीं रह जाती। हर शब्द के पीछे दिल की धड़कन, शिराओं का स्पन्दन सुनाई देने लगता है। हर वाक्य से मनुष्य की आत्मा और उसके वजूद की मौजूदगी की आँच और उसका एहसास हम तक पहुँचने लगता है। पंक्तियों के बीच की ख़ामोशी में किसी दरवेश की साँसें चलती हुई लगती हैं। माणिक की रचनाओं से गुज़रना अपने इसी वक़्त के एक सचेत, उम्दा, ज़िन्दादिल और फ़िक्रमंद मनुष्य से मिलने जैसा है।...और खुद माणिक से मिलना, कविता की किसी साफ़ धवल पहाड़ी झरने या दरिया में नहाने जैसा है।

कुछ अरसा पहले मैंने माणिक का कविता संग्रह 'आइना-मुआइना' पढ़ा था, जिसकी भूमिका लिखने वालों में जावेद अख़्तर और उबैद आज़म आज़मी जैसे

विख्यात शायर और काव्य पारखी थे। रूढ़ियों, प्रचलन, लीक, ढब और परिपाटियों से अलहदा अपनी दिशा और अपना रास्ता खुद बनाती उन संग्रह की मौलिक कविताओं के भीतरी स्तरों में छुपे अर्थों और अनुगूँजों ने बेसाख्ता मन को बाँध लिया था। अब मैं इस नये संग्रह की रचनाओं से रू-ब-रू हूँ :

'दुर्विचारों का बहता रेला है
भीड़ भेड़ों का एक मेला है
टोलियाँ बनती हैं लुटेरों की
जो भी सज्जन है वो अकेला है'

यह 'सज्जन अकेलापन' जो बेपरवाह-बेलौस सूफ़ी की फक्कड़ता और मस्ती की बदौलत है, वह इस संग्रह की कविताओं में यहाँ से वहाँ तक परिव्याप्त है। आज के नव-औपनिवेशिक, बाज़ारू, भोगवाद, अपसंस्कृति और विलासांधता पर बार-बार तंज़ करतीं और उन पर हँसतीं, फब्तियाँ कसतीं इन सहज-सादा रचनाओं को जैसे ही हम ठहर कर ग़ौर से देखते हैं तो अकस्मात् खुद को उस गहरी चेतना को झकझोर देने वाली पीड़ा और अन्तर्यातना के सामने खड़ा पाते हैं, जो मुस्कानों के लिए अपने अस्तित्व तक को समर्पित करने वाले इस कवि की आत्मयन्त्रणा है। बस उसी पल से वह हलकी-सी मुस्कान साधारण और एकार्थी नहीं रह जाती, बल्कि किसी दानिशमंद क़लंदर फ़क़ीर शायर की उस अर्थपूर्ण तिर्यक व्यंजना में बदल जाती है, जिसके हर सतर, हर परत में दर्द और फ़िक्र की नदियाँ बहती हैं। आज की रंगीनी, चमक-दमक, वैभव, मनोरंजन और शोर-ओ-गुल के बीचों-बीच, किसी चौराहे पर, 'दुख और पीड़ा के दरमियान खड़े आदमी' की कविताएँ हैं, माणिक मुंडे की रचनाएँ।

मुझे याद आता है एक जगह माणिक ने फ्रेड्रीक नीत्शे का ज़िक्र किया है : 'अन्तःकरण इतने कष्ट और पीड़ाओं से भरा है कि मुझे बेहिसाब रोना आता है जिसका दमन करने का मेरे पास मात्र एक उपाय है और वह है हँसना। इससे पहले कि भीतर से रोना फूटे और फिर उसे रोकना मुश्किल हो जाए मैं बाहर से हँसना थोप देता हूँ।'

अपनी मुस्कान के भीतरी गहरी मानवीय वेदना को दबाए-छुपाए इन सहज पर असाधारण कविताओं के शायर को मीर तक़ी 'मीर' की इन पंक्तियों के साथ बहुत सारी शुभकामनाएँ :

'खुश हो के भी है देखा, उसमें मज़ा नहीं है,
हुशियारी के बराबर, कोई नशा नहीं है।'

अगर मीर की 'हुशियारी' यानी आज के समय और यथार्थ की बा-होश समझदारी शायरी में हासिल करने की आकांक्षा हो तो माणिक मुंडे का यह संग्रह एक हाथ लगी नायाब तिजोरी है।

- उदय प्रकाश

क्रम

ग़ज़लें

1.1

मैकशों को महल में बुलाता हूँ मैं
मैंने खुद पी है सबको पिलाता हूँ मैं

तंत्र सीखा है सीखी है जादूगरी
इत्र डबरों के जल से बनाता हूँ मैं

गुनगुनाने का भौंरो को मौक़ा मिला
गुल बना तब से खुशबू लुटाता हूँ मैं

सोए रहने की कोई ज़रूरत नहीं
जाग जाने के सपने दिखाता हूँ मैं

रोता आया था मैंने हँसाया उसे
नाचो गाओ कि डफ़ली बजाता हूँ मैं

चल रहा हूँ मैं लाठी लिए हाथ में
सबके दुख-दर्द घर से भगाता हूँ मैं

काली सूरत अँधेरा है किसको पसन्द
दीप उजाले के पग-पग जलाता हूँ मैं

ज़िन्दगानी में मिलता भला कुछ नहीं
गीत गाता हूँ खुशियाँ मनाता हूँ मैं

सारे आलम में जिनको सहारा नहीं
उन सभी को गले से लगाता हूँ मैं

हर डगर पर जिन्हें भी निराशा मिली
उनमें जीने की आशा जगाता हूँ मैं

बल नहीं होता पैरों में जिनके कोई
हौसलों से ही उनको चलाता हूँ मैं

जो भी हैं उसके एहसान भूले हुए
याद उनको ख़ुदा की दिलाता हूँ मैं

जब भी पाता हूँ ख़ुद को मैं हारा हुआ
हँसते-हँसते ही खुद को रुलाता हूँ मैं

वार करते हैं अपने ही गहरे तभी
दिल के ज़ख़्मों पे मरहम लगाता हूँ मैं

घर की दीवारों पर है टँगाया उसे
उसकी फोटो पे माला चढ़ाता हूँ मैं

पाँव जिस दिन से मेरे लगे काँपने
तब से पूजा की थाली सजाता हूँ मैं

न रहता हो जिस घर में कोई मनुज
वहाँ दान भिक्षा नहीं माँगते
किसी ने परोसी है जो प्यार से
वो भोजन की थाली नहीं लाँघते

1.2

इन बादलों के पार तो बरसात कुछ नहीं
हट जाए ये अँधेरा तो दिन-रात कुछ नहीं

संसार एक फ़रेब है ये मायाजाल है
मिल जाए कुछ भी लगता मगर हाथ कुछ नहीं

अवसर मिलेगा जन्म से ना ज़िन्दगी कभी
अंजाम है जनाज़ा तो बारात कुछ नहीं

जिनसे चढ़े उतरना उन्हीं सीढ़ियों से है
रुख़ मोड़ लें तो सोचने की बात कुछ नहीं

आएगा जब बुलावा क़यामत की ओर से
ये अस्त्र-शस्त्र जंग के आलात कुछ नहीं

जिनको भी बोध मिल गया जीवन के खेल से
उनके लिए ये जंग ये शह-मात कुछ नहीं

मर्ज़ी बग़ैर उसके उठेगी न लहर भी
इन्साँ की इस जहान में औक़ात कुछ नहीं

हक़ीक़त पता है ज़माने की सब
यूँ ही ख़्वाब में वे नहीं झूलते
जिन्हें तरबियत घर से अच्छी मिले
कभी फ़र्ज़ अपना नहीं भूलते

1.3

आरजू के फूलों को खिला दिया घटाओं ने
दो जवांदिलों को यूँ मिला दिया घटाओं ने

साँवली घटाओं का है खेल धूप-छाँव का
तेम से बदन मेरा जला दिया घटाओं ने

अंग-अंग में मेरे भरी-भरी हैं मस्तियाँ
नश्शा झूम जाने का पिला दिया घटाओं ने

ताल हैं तरंगें हैं मगन के खंड-खंड में
तड़कनों से धरती को हिला दिया घटाओं ने

गाद-घास बग़ियों में लहक उठे-महक उठे
जो पियाला घनरस का पिला दिया घटाओं ने

दिलनशीं अदाओं से बहक गया है गुलसिताँ
इंद्रचाप रंगों में मिला दिया घटाओं ने

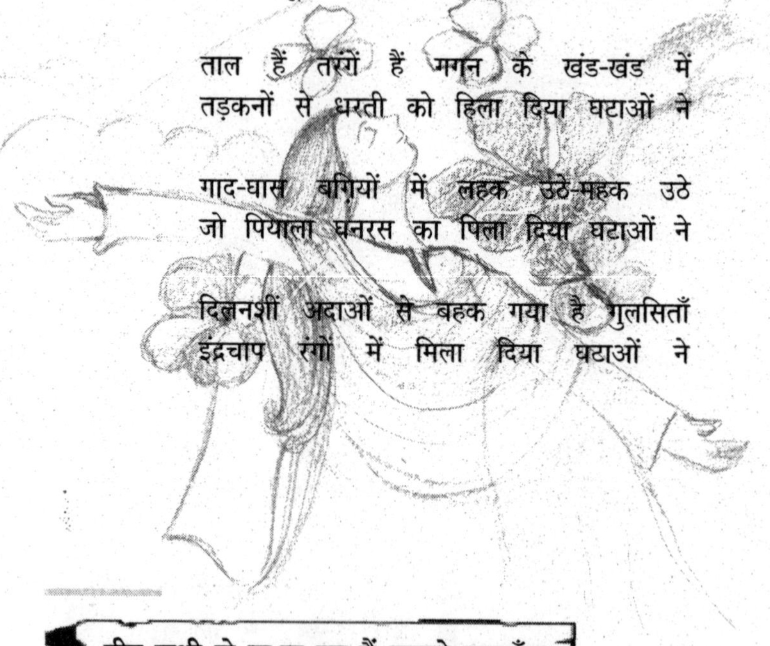

गीत खुशी के गा-गा कर मैं सबको नचाऊँगा
ढोल बजाओ ढोल कि यारो धूम मचाऊँगा

1.4

बिन मरण के कभी मुक्ति मिलती नहीं
मौत मरघट छिपाने से छिपती नहीं

शब्द से तृप्त होना असम्भव-सा है
प्यास पानी की चर्चा से बुझती नहीं

मौत ही है अमरता के घर की डगर
जाग जाएँ तो फिर नींद लगती नहीं

रोज़ मंदिर में जाकर इन्हें क्या मिला
बात इनमें समर्पण की दिखती नहीं

घर सभी हैं भरे जंगो तकरार से
क्यों कभी रार की रीत रुकती नहीं

ये गृहस्थ और कुँआरे हैं दोनों दुखी
दौड़ते-भागते दुनिया थकती नहीं

उतरंग सतह पर है और तल में बेरुख़ी है
निर्धन अगर दुखी है धनवान क्या सुखी है

1.5

मिला सुर मुझे मैं गजर बन गया
ये जीवन सुहाना सफ़र बन गया

महकने लगा हूँ मैं गुलज़ार में
मेरा दिल हसीं इस क़दर बन गया

झलक जब से देखी है सच की यहाँ
लहकने लगा हूँ अमर बन गया

बहारों में कुछ ऐसी तासीर है
गुलों में छिपा मैं हुनर बन गया

नज़र आऊँगा सुर्ख़ियों में तुम्हें
हक़ीक़त की मैं तो ख़बर बन गया

पहुँचना कहाँ है पता है मुझे
मेरा ख़्वाब मेरी डगर बन गया

उसे क्या है परवाह तूफ़ान की
फ़लक से जो ऊँचा शिखर बन गया

है मक़्सद मेरा लक्ष्य को भेदना
बहादुर के तरकश का शर बन गया

जिन आँखों में कोई नहीं रौशनी
मैं उनके लिए एक नज़र बन गया

करम ये हुआ मुझ पे भगवान का
मैं जर को हराके अजर बन गया

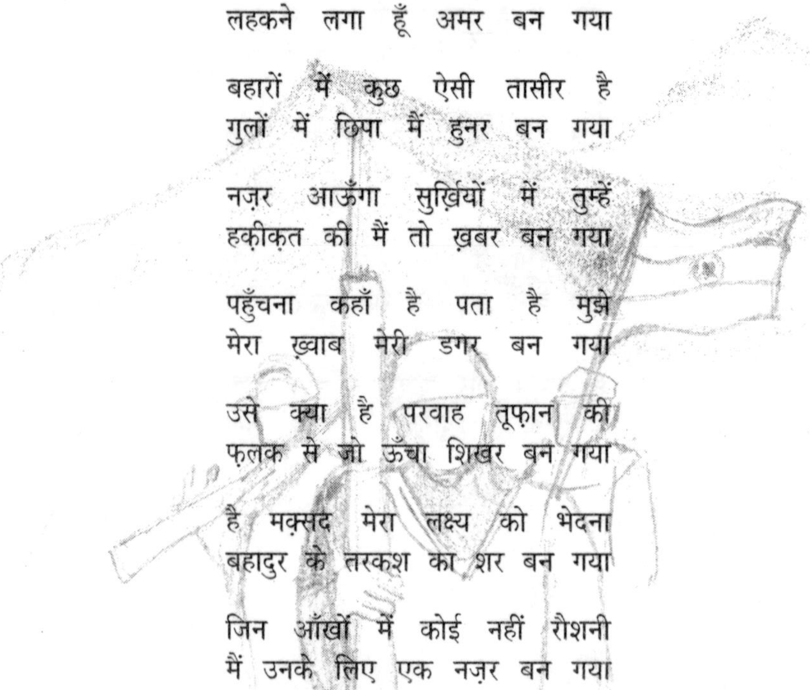

1.6

बहका दे जो ख़याल को वो रात आ गई
आकाश से घटाओं की सौग़ात आ गई

मधुमास में हैं नाचने-गाने लगे ये फूल
फिर गुलसिताँ में भौंरों की बारात आ गई

दीदार करके उनका कुछ ऐसा हुआ है हाल
खुशियों की जैसे डाली कोई हाथ आ गई

मौसम की शादमानी में दिल दिल से मिल गए
फिर यूँ हुआ कि झूमके बरसात आ गई

उनसे जुदा हुए तो ज़माना हुआ मगर
उनकी हसीन याद मेरे साथ आ गई

जो बात मुद्दतों से थी मन में छुपी हुई
ये क्या हुआ ज़बान पे वो बात आ गई

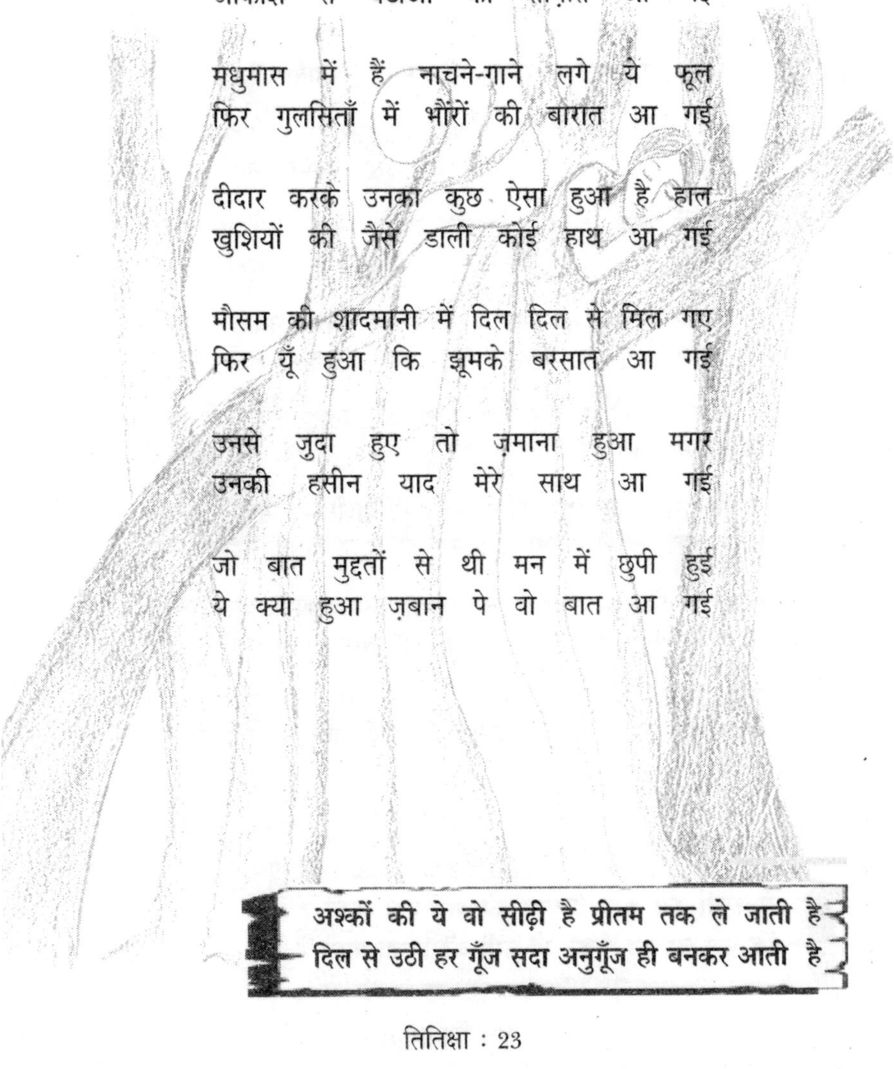

अश्कों की ये वो सीढ़ी है प्रीतम तक ले जाती है
दिल से उठी हर गूँज सदा अनुगूँज ही बनकर आती है

1.7

हो लाख मुश्किल कभी जुदाई का गीत गाता नहीं परिन्दा
वो नीड़ जिसमें है जन्म लेता पलटके आता नहीं परिन्दा

ये देश अपना नहीं पराया घर इस किनारे नहीं बनेगा
है रात भर का बसेरा काफ़ी महल बनाता नहीं परिन्दा

ये छोर पहला जो है जनम का तो दूसरा छोर है मरण का
जो मौत आए डराए उसको तो दुख मनाता नहीं परिन्दा

जो जान लेता है पर चलाना उड़ान लेना वो जान लेगा
बनी हों राहें जो दूसरों से तो उड़ने जाता नहीं परिन्दा

वो कुदरती गीत गा रहा है किसी की कोई नक़ल नहीं है
जो साज़ जग ने बजाया पहले उसे बजाता नहीं परिन्दा

ये होश जिनको न रास आए नशे की आदत उन्हीं को होगी
किसी भी लत का गुलाम होगर धुआँ उड़ाता नहीं परिन्दा

ये ज़िन्दगानी है चार दिन की हँसी-खुशी से गुज़ारें इसको
हज़ार मुश्किल भी आए उस पर तो ज़हर खाता नहीं परिन्दा

बियत ही जिसका हुआ हो सारा छतों की उसको है क्या ज़रूरत
गगन में खोने के डर से घर को तो भाग जाता नहीं परिन्दा

दुखी रहेंगे वो लोग सच में जो दूसरों को दुखी करेंगे
खुशी की ख़ातिर कभी किसी को दुखी बनाता नहीं परिन्दा

ये इन्सां इस तरह इन्सान को शरमिन्दा करते हैं
कि पशु का दूध पीकर भी उसी की निन्दा करते हैं

1.8

होते जो जाँबाज़ हैं वो मौत से डरते नहीं
चलते हैं तय करके तो फिर चलके तय करते नहीं

राज जिनका जंगलों पर शौक़ उनका है शिकार
यूँ गरज नाहर की सुनकर ख़ौफ़ से मरते नहीं

चोट जो देते हैं अपने होती है वो दर्दनाक
ज़ख़्म कुछ ऐसे भी हैं जो वक़्त से भरते नहीं

शान्ति के हित युद्ध करना मूर्खता की बात है
चाँदी की ऐनक पहनकर क़त्ल तो करते नहीं

बेरहम हो सर जो फोड़े क्या वो पत्थर रोएगा
क़ातिलों की आँखों से आँसू कभी झरते नहीं

चिड़ियों के आखेट में है आख़िर इनका काम क्या
दर हक़ीक़त घोड़े नभ की सैर तो करते नहीं

कहते हैं लोग शादी नहीं है समझ की बात
शादी बिना किसी को पर आती समझ नहीं

1.9

हमें एक रस्ता बनाना पड़ेगा
ये मग़रूर पत्थर हटाना पड़ेगा

अगर दूर तक देखना चाहते हैं
तो क़द को कुछ ऊँचा उठाना पड़ेगा

है उम्मीद मधुरस के पीने की जिनको
उन्हें खुद को भौंरा बनाना पड़ेगा

अगर अपने हाथों से तसवीर बिगड़ी
हथेली से मुँह को छिपाना पड़ेगा

जो साबुन से कपड़ों पे लग जाए धब्बा
तो आँखों से आँसू बहाना पड़ेगा

अगर हादसों से है बचना सड़क पर
तो संवेग अपना घटाना पड़ेगा

जिस इन्सां की चाहत है भगवान बनना
उसे अपना आपा मिटाना पड़ेगा

नहीं आग-उल्फ़त ये छिपती छिपाए
कभी ना कभी तो जताना पड़ेगा

1.10

सारे हैं काम के बेकार नहीं है कोई
हमको इस बात से इनकार नहीं है कोई

यहीं दर्शन तुम्हें भगवान का हो जाएगा
जो है इस पार है उस पार नहीं है कोई

दिलकशी कितनी है आँखों में भरी जन्नत की
क्यों यहाँ रहने को तैयार नहीं है कोई

लड़खड़ा देते हैं नैया को पवन के झोंके
ज़ीस्त की नैया पे पतवार नहीं है कोई

रौशनी मिलती है दुनिया को उसी सौरभ से
कहीं अवनील का आधार नहीं है कोई

नूर ही नूर है संसार के हर ज़र्रे में
गुण है निर्गुण में भी बेकार नहीं है कोई

सुर है संगीत का क्यों शोर उसे कहते हैं
गूँज बिन दुनिया में झंकार नहीं है कोई

मेघ हैं काले मगर उनमें तड़क उजली है
शिव निराकार है आकार नहीं है कोई

स्वर्ग और नर्क की हर बात उपज मन की है
विश्व विस्तार में दीवार नहीं है कोई

बर्फ़ का टुकड़ा पत्थर जैसा तो संगीन नहीं बनता
एक पल के रंग जाने से जीवन रंगीन नहीं बनता

1.11

दो-दो हाथ किए हैं जग से खुद से लड़कर सीखे हैं
दौड़ में हिस्सा लेनेवाले उँगली पकड़कर सीखे हैं

इन लहरों पर क़ाबू पाना सबके बस की बात नहीं
पाल चढ़ाना कश्ती का यह रस्सी पकड़कर सीखे हैं

यूँ तारों से बातें करके बिन्दु में सिन्धु समा जाए
ऊँचाई को छू लेना शिखरों से झगड़कर सीखे हैं

चिड़ियों से है सीखी जग ने नीड़ बनाने की तरकीब
काग़ज की यह नाव चलाना क़लम रगड़कर सीखे हैं

गुरुजन या गुरुकुल की किसी को कोई ज़रूरत है भी नहीं
शास्त्रों को तलवार बनाना जाल में पड़कर सीखे हैं

गुस्सा करके पछताना फिर गुस्से की तैयारी है
औरों पर यूँ बरहम होना मन को जकड़कर सीखे हैं

ये तीर चूक-चूक के लगता निशाने पर
भटका हुआ दिमाग़ भी आता ठिकाने पर

1.12

साथ क़िस्मत ने दिया बरबाद पर होने के बाद
चाहा जो भी मिल गया उम्मीद के खोने के बाद

वक़्त पर जो काम ना आए वो धन बेकार है
मुस्कुराए हम भी लेकिन उम्र भर रोने के बाद

बीत जानेवाले पल फिर लौटकर आते नहीं
प्यार की चिट्ठी मिली शादी मगर होने के बाद

जिससे बदनामी मिले ईनाम है किस काम का
वस्त्र अच्छे मिल गए हैं बेहया होने के बाद

करना हमको था बहुत लेकिन हुआ कुछ भी नहीं
ध्यान आया है बचत का सारा धन खोने के बाद

सुस्त और काहिल को कुछ मिलता नहीं संसार में
उठ गया आँखों से परदा उम्र भर सोने के बाद

अन्न होकर आधी दुनिया भूख से ही मर रही है
अपने गोदामों में क्यों औरों का खाना भर रही है

1.13

नहीं कोई आशा तो पाने को क्या है
ज़बाँ ही नहीं है तो गाने को क्या है

जो कपड़ों में हैं उनको आती है ग़ैरत
जो नंगे हैं उनको छिपाने को क्या है

वे कहते हैं हमसे कि सब कुछ गँवाया
जो छूँछे हैं उनको गँवाने को क्या है

जो गुमसुम थे लम्हे नहीं याद आते
न हो याद कुछ तो भुलाने को क्या है

ज़माने को नाहक़ ही आशा है हमसे
जो कंगले हैं उनको लुटाने को क्या है

वही आँखें रोएँगी जिनमें हैं आँसू
जो सूखी हों आँखें बहाने को क्या है

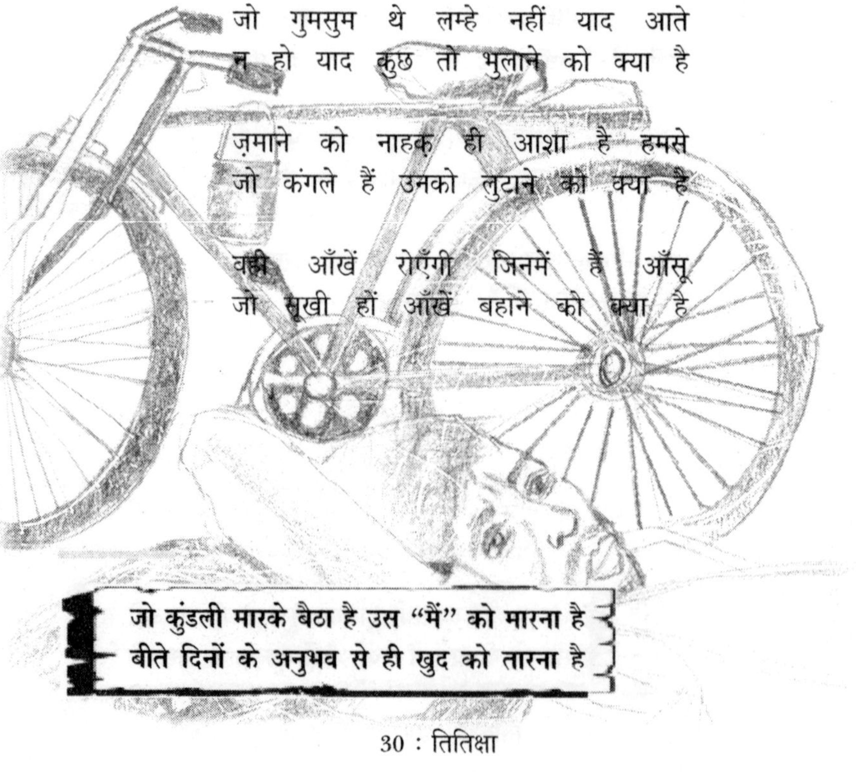

जो कुंडली मारके बैठा है उस "मैं" को मारना है
बीते दिनों के अनुभव से ही खुद को तारना है

1.14

इतना ही दे कि बोझ मैं सर पर उठा सकूँ
ऐसा न हो कि अज़्म न उतना जुटा सकूँ

तनहा मैं इस तरह तो तेरे घर न आऊँगा
बल दे कि अपने पंखों पे जग को बिठा सकूँ

जग जाएँ चेतना की सभी सोई शक्तियाँ
ऊँचाई पर तितिक्षा की खुद को उठा सकूँ

पेन्सिल से मैं बनाता हूँ तसवीर इसलिए
खींची हुई लकीरों को फिर से मिटा सकूँ

शामिल मैं होने चल पड़ा फूलों के जश्न में
घर छोड़ा इसलिए कि घुटन को घटा सकूँ

आकाश पार करने की ठानी है दिल ने आज
कर दे करम कि राह की फिसलन हटा सकूँ

बैठके पेड़ की डाली पर जब कोयल नग़मे गाती है
धरती पर ही चलता हूँ पर याद गगन की आती है

1.15

रुख़ तेज़ी-मन्दी का सबको देखना पड़ता है
मन्दी की ख़रीद को तेज़ी में फिर बेचना पड़ता है

कुतर रहे हैं धीरे-धीरे काल के पैने दाँत
किला भी एकदिन खँडहर होगा मानना पड़ता है

है महफ़िल में हँसना-हँसाना, तनहाई में रोना
क़िस्मत जैसा नाच नचाए नाचना पड़ता है

चाहे चाँदी का सिंहासन हो या सोने का
छोड़के एक दिन दौलत सारी भागना पड़ता है

जाने किस-किस की ख़ातिर वो रास रचाती हैं
परियों का क्या दोष कि उनको नाचना पड़ता है

खाए क़सम जो सच कहने की उसको गूँगा रहना पड़ेगा
हाथ में चाहे गीता उठा ले झूठ ही उसका सहना पड़ेगा

1.16

काहे दुख देता है मुझको मेरा पल्ला छोड़
अच्छा नहीं है मिसकीनों के पीछे लगना छोड़

फ़ैसला करने से पहले तफ़्तीश तो कर ले यार
तीर चला के अब अंधों को घायल करना छोड़

हाथ किसी के हीरे-मोती किसी के ख़ाली हाथ
मनसब वाले अपने-बिराने गिनना-गिनाना छोड़

देख ले मेरे जीवन-पट को इसमें नहीं है दोष
पिछले जनम के पापों का तू लेखा-जोखा छोड़

हाफ़िज़ कहते हैं तुझको तू काम भी वैसे कर
मानव जैसी सिफ़ला-सिफ़ला हरकत करना छोड़

बहकाता है पहनाता है आशाओं के फंद
हेम दिखाकर बेचना पीतल गोरखधंधा छोड़

झरोखे से देखा गगनराज को झरोखे को लेकिन नहीं पूजते
बनाते हैं रिश्ता जो आकाश से पता अपने घर का नहीं पूछते

1.17

जिसे कि स्थावर कहे किताबें वो भी है जंगम रहो न ग़ाफ़िल
खनक जो अस्त्रों की है तुम उसको समझ के सरगम रहो न ग़ाफ़िल

जहाँ पे जूते उतारे जाते वहाँ पे होते तो कुछ न होता
यहाँ के ताजों पे एक ख़तरा तो होगा हरदम रहो न ग़ाफ़िल

मिलाते रिंदों से हाथ तुम तो न फ़िक्र होती कभी किसी को
शरीफ़ज़ादों से आज होगा तुम्हारा संगम रहो न ग़ाफ़िल

जब अजनबी थे इस अंजुमन में तो बात डरने की कुछ नहीं थी
गली-गली को पता चला है तुम्हीं हो बौड़म रहो न ग़ाफ़िल

गया ज़माना कि यार तुम भी शिकारी कुत्ते थे हाकिमों के
है सूखे पत्तों का जानी दुश्मन ख़िज़ाँ का मौसम रहो न ग़ाफ़िल

जो रिश्ता घरवाली से निभाते तो लाख बातों की बात होती
उठा रहे हो जिसे दरोग़ा की है वो बेगम रहो न ग़ाफ़िल

जो चाह होती बसी दिलों में तो होता ऐसा न दिल का आलम
न चैत की दोपहर में ताज़ा रहेगी शबनम रहो न ग़ाफ़िल

जो नहीं दुश्मन से कहनी दोस्त से भी मत कहो
दोस्त ही बनता है दुश्मन यार मत ग़ाफ़िल रहो

1.18

काँटे जिनको आम सड़क पर बोना आता है
उनके लड़कपन पर तो मुझको रोना आता है

एक से एक अंधे हैं अंधों की इस नगरी में
आँखोंवाला क्या अंधों को होना आता है

उन्हीं पुरानी भूलों को जो दोहराते हैं सारे
ये हैं नशे में बेहोशी में खोना आता है

दिन भर हैं जो लूटते-फिरते मासूमों का चैन
रातों में क्या चैन से उनको सोना आता है

बड़े-बड़ों के कपड़ों पर हैं धब्बे काले-लाल
पापों को क्या सचमुच उनको धोना आता है

चोरी का धन है ये चोरी की पीड़ा से कम
हँसते चेहरों के पीछे है खोट-कपट का ग़म

1.19

जान गया हूँ राज़ मैं इसका आख़िर होता क्या है फंडा
अंडा तो अंडे का मुर्गी से ही हो आता है अंडा

दम लेना कल शुरू करेगी वन-उपवन की गीली मिट्टी
जाग उठता है जबजब रज कण उससे उदित होता है अंडा

ये मत कोई पूछो मुझसे आई कहाँ से है ये मुर्गी
मुर्गी होना है क्या मुश्किल कण-कण में जब छिपा है अंडा

भिन्न तरह की चीज़ें जग में एक बराबर चल लेती हैं
तुषार से जो गरम है पानी भाप से पर ज़्यादा है ठंडा

एक सवाल वही है सीधा एक सवाल वही है तिरछा
पहले जो गोबर कहलाए पीछे कहलाता है कंडा

भूल न जाना ये सच्चाई, कुदरत की ताक़त के आगे
चल नहीं सकता राज किसी का झूम नहीं सकता है झंडा

हक़ीक़त सामने बैठी तो सपने कौन देखेगा
है चेहरा खूबसूरत तो ये गहने कौन देखेगा

1.20

कितनी बार जुटाई दौलत मौत ने लूटा कितनी बार
कितनी बार सँजोया सपना सपना टूटा कितनी बार

इन धन दौलत के ख़्वाबों ने भ्रान्त बनाकर छोड़ दिया
मानके सच थे निर्भर जिस पर निकला झूठा कितनी बार

मज़बूती से जोड़ दिया था चल न सका पर ज़्यादा देर
कितनी बार गढ़ा था इसको मटका फूटा कितनी बार

तब था ज़रूरी छलाँग लगाना हाथों में जब ताक़त थी
तीर के पास तो पहुँचे लेकिन तीर ये छूटा कितनी बार

निकले थे हम जिसको हराने उसने हमको हरा दिया
कितनी बार लगाया मरहम भाग ने कूटा कितनी बार

मर तो चुके थे पहले भी हम जन्म लिया है मर-मरके
कितनी दफ़ा आरम्भ किया था जीवन खूटा कितनी बार

चाहे कितनी भी हो कमज़ोर उजाले की किरण
फिर भी अँधियारे के चरणों में नही झुकती है

1.21

हरेक पहेली का एक हल है तरीक़ा लेकिन पता नहीं है
कि खुद को हमने डुबो दिया है किसी की इसमें ख़ता नहीं है

हिसाब हाटों के हैं ये सारे तो मेहरबानी की बात क्या है
मिली है तनख़्वाह मेहनतों की किसी की कोई अता नहीं है

हरेक डाली जुदा-जुदा है जड़ों से फिर भी जुड़ी हुई है
फ़क़त वही है धनी जहाँ का खुदा से कोई धता नहीं है

लचक है जिनके कि तन-बदन में अकड़ की कोई जगह न होगी
तना हो जिसका कठोर-ज़िद्दी कुछ और होगा लता नहीं है

परावलंबी जहान सारा जो पत्ते तोड़ो जड़ें मरेंगी
गुनाहगारों की बस्ती हो तो वहाँ पे कोई हता नहीं है

ये बीज होगा बिरव नहीं फिर जो तोड़ पाए न खोल अपनी
क़फ़स में रहता है क़ैद जो भी फ़लक का उसको पता नहीं है

देख सकेंगे क्या कुछ आख़िर ऐसे लोग जो सोये हैं
रोते दिखते आज वे सारे ख़्वाब जिन्होंने खोये हैं

1.22

चलने वाले चलते रहे हैं पलभर को भी रुकते नहीं हैं
क़दमों का जो हिसाब लगाएँ एक क़दम भी चलते नहीं हैं

आग की आँच से डरनेवाले कायर दीपक जलते नहीं हैं
जागे हुए जन आँखों पर तो बाँधके पट्टी चलते नहीं हैं

पैग़ंबर के पगचिह्नों से राह नई बन जाती है
जिन सपनों में सार नहीं हो वैसे सपने फलते नहीं हैं

पल-पल दुनिया बदल रही है सहर के जैसी साँझ न होगी
नहीं हैं ऐसे सूर्य जहां में हरगिज़ वो जो ढलते नहीं हैं

ब्रह्म को जिसने जाना वो क्या ब्राह्मन होने का दावा करेगा
होके बेबस यूँ तो किसी के एहसानों पर पलते नहीं हैं

उन बेढंगे पाषाणों में मूरत कोई खोदेंगे वे
प्रज्ञावान निराशा से तो खाली हथेली मलते नहीं हैं

अँधियारे में देखने से क्या उल्लू ज्ञानी बनता है
फ़िक्र तिजोरी की है जिसको क्या वह दानी बनता है

1.23

नर्क की तख़्ती बदल देने से नन्दनवन तो नहीं बनता
मलयाचल पर ले जाने से बड़ चंदन तो नहीं बनता

काला हुआ तो क्या है बुराई काले में भी सतोगुण है
उजले वर्ण की होके चमक चूना अंजन तो नहीं बनता

कुदरत की निंदा करने से कब रुख़ वायु का बदला है
पत्थर तोड़नेवाला हथौड़ा अनु भंजन तो नहीं बनता

उनसे ही कुछ मिल पाएगा जो मिटने को राज़ी हैं
खुद पर कोई वार अगर हो वो रंजन तो नहीं बनता

हर एक की अपनी महिमा है काम की है हर चीज़ यहाँ
ताल-सुरों में गा लेने से स्वर व्यंजन तो नहीं बनता

मन के पार चले जाने को मन ही एक सहारा है
जिसको पकड़कर छोड़ दिया फिर वो साधन तो नहीं बनता

भोला-भाला दिखता बालक बाप के पथ पर चलता है
बनकर आग जलानेवाला कोयला खुद भी जलता है

2. नज़्में

2.1 नींद के आगे चल

उठना हो तो आज ही उठ तू सोना हो तो कल
जीवन के दिन थोड़े हैं तू नींद के आगे चल

रुकना तेरा काम नहीं हर धाम के आगे चल
खोज ही तेरी मंज़िल है आराम के आगे चल

हाथ हवा का थाम के भाई तीर के आगे चल
रोने की कुछ बात नहीं है पीर के आगे चल

शोर बहुत है होशियारों का शोर के आगे चल
खुद को बनाके ताक़तवर शहज़ोर के आगे चल

तू तो एक मुसाफ़िर है आगार के आगे चल
फँस न ख़बर के फेरे में अख़बार के आगे चल

कुण्डली में क्या रक्खा है तहरीर के आगे चल
देख न रेखा हाथों की तक़दीर के आगे चल

ऐ इन्साँ तू दुनिया के बाज़ार के आगे चल
सौंप दे खुद को दरिया को मँझधार के आगे चल

जो काग़ज़ के सुन्दर सुमन भी हों उन पर
कभी मक्खियाँ गुनगुनाती नहीं हैं
हो सोने के तारों की वीणाएं चाहे
बजाए बिना झनझनाती नहीं हैं

2.2 ये जीवन तो बेमतलब है

चन्दन बनकर घुल जाने का धैर्य जुटा लो यारो आज
गन्ध से फूल भरा है पूरी गन्ध लुटा दो यारो आज

पुण्यदिवस मैं इस नफ़रत का अबकी बार मनाऊँगा
गन्ने की है कौन ज़रूरत गुड़ गोबर से बनाऊँगा

ये जीवन तो बेमतलब है अर्थ कुछ इसमें भरना है
मुफ़्त मिली है देह जो हमको अनमोल इसको करना है

बाज़ारों के शोरोगुल में गहरा अर्थ नहीं होता
स्थायी मूल्य नकारने से भी मूल्य तो व्यर्थ नहीं होता

2.3 जाग मुसाफ़िर जाग

इन्सां तेरे शीश महल को जला रही है आग
बुला ले दमकल जल्दी से तू जाग मुसाफ़िर जाग

ज़ख़्म समय से भर जाएँगे मगर रहेंगे दाग़
छोड़ गुनाह की राहों को तू जाग मुसाफ़िर जाग

खोल दे सारे दरवाज़ों को खुल जाएँगे भाग
आज भरोसा कर ले खुद पर जाग मुसाफ़िर जाग

इन अनजानी राहों पर तो रेंग रहे हैं नाग
होशियारी से क़दम रख आगे जाग मुसाफ़िर जाग

टूट न जाए एक झटके में जीवन का ये ताग
सँभल के इसको कसना होगा जाग मुसाफ़िर जाग

आगे भी कुछ करना होगा काफ़ी नहीं है त्याग
खुद को जगा ले ख़ामोशी से जाग मुसाफ़िर जाग

लक्ष्य ही इस जीवन का मुक्ति है
जन्म-मरण तो बस पुनरुक्ति है

2.4 ख़ुद के सर पर ख़ुद

शब्द पराये रट-रट कर मैं राग सुराग में गाऊँगा
वचन किताबों से चुन-चुन कर महामहिम बन जाऊँगा

मरने से पहले आँगन में पुतला बनाकर जाऊँगा
अपने हाथों से ही खुद पर केसर फूल चढ़ाऊँगा

गले मिलूँगा अपनों के पर ग़ैरों के काम आऊँगा
बमसाज़ी के धंदे में मैं अमन का नोबल लाऊँगा

शाही लिबास पहनकर मैं ईमान को बेचने जाऊँगा
देनी पड़े जो भी क़ीमत शोहरत को ख़रीद के लाऊँगा

अपने जूतों के बंद पकड़कर फिर अपने को उठाऊँगा
खुद ही अपना लाड़ला हूँ मैं खुद को सर पे बिठाऊँगा

आँखों से ही रुख़सार की लाली को पियूँगा
अंदाज़ मेरा मस्त है मस्ती में जियूँगा

2.5 मिलता है यारो

यारी करके देखो यार मिलता है यारो
जो भी पुकारे उसको प्यार मिलता है यारो

पिसनेवाला पाटा भी घर्षण से घिस जाता है
मट्टी से डरनेवाला चक्की में पिस जाता है
मट्टी में ही गुल-गुलज़ार खिलता है यारो

मक्कारों में रहकर भी हो नहीं जाता छैला
मैले पानी में भी चाँद हो नहीं जाता मैला
हिलते पानी में आकार हिलता है यारो

मीलों का जो हिसाब करे वो उलझ गया समझो
निकला जो सही दिशा में पहुँच गया समझो
राह चलेगा उसको ठांव मिलता है यारो

3. रुबाइयाँ

3.1

दुनिया के लिए उनकी है सौग़ात फ़िज़ूल
इन्सां के लिए उनके हैं जज़्बात फ़िज़ूल
सर मारके दीवारों पे क्या पाओगे
बमबाज़ से है अमन की हर बात फ़िज़ूल

3.2

ऊपर जो यहाँ हैं वहाँ नीचे होंगे
हैं जो यहाँ आगे वहाँ पीछे होंगे
घर प्रभु के फल मीठे मिलेंगे उनको
अंतःस्थ की बग़िया को जो सींचे होंगे

3.3

जीवात्मा नाम को नहीं जानता है
ये सूरज शाम को नहीं जानता है
तक़लीद जो करता है सदा औरों की
अपने ही काम को नहीं जानता है

3.4

मसले का समाधान अभी बाक़ी है
ईनाम का ऐलान अभी बाक़ी है
सौ साल भी जी लें तो नहीं भरता दिल
एक जन्म का अरमान अभी बाक़ी है

3.5

वो करना था जो काम अभी बाक़ी है
उस नायक को सलाम अभी बाक़ी है
जिन लोगों ने जाँ दे दी वतन की ख़ातिर
वो मिट गए पर नाम अभी बाक़ी है

3.6

झुकने को एक धाम अभी बाक़ी है
सद्‌भाव का पैग़ाम अभी बाक़ी है
जो जन कल्याण में मिटे हैं उनकी
कुर्बानी का ईनाम अभी बाक़ी है

3.7

उस तट से मुलाक़ात अभी बाक़ी है
जो कहनी है वो बात अभी बाक़ी है
होती हैं बहुत लम्बी ये दुख की घड़ियाँ
दिन कट गया पर रात अभी बाक़ी है

3.8

हमले का मगर विचार अभी बाक़ी है
रग-रग में ललकार अभी बाक़ी है
कहने को शरीर थक गया है लेकिन
इन हौसलों में धार अभी बाक़ी है

3.9

चढ़ने के लिए मीनार अभी बाक़ी है
इन लहरों में रफ़्तार अभी बाक़ी है
संग्राम हुआ ख़त्म तो कब का लेकिन
हथियारों में खनकार अभी बाक़ी है

4. मुक्तक

4.1

विपरीत भी जुड़े हैं ये मानते हैं हम
अँधियारे के मिज़ाज को पहचानते हैं हम
कीचड़ की कोई लाख बुराई करे मगर
खिलते कँवल हैं उसमें ही ये जानते हैं हम

4.2

हंसों को तो गौहर मिलता है
सच्चे फ़क़ीर को दर मिलता है
पास नदी के नक़्शा कहाँ है
फिर कैसे सागर मिलता है

4.3

हैसियत अपनी ज़माने भर को
एक चिंगारी दिखा सकती है
ये हिमालय से बड़ा तख़्तो ताज
चंद लम्हों में मिटा सकती है

4.4

मृगतृष्णा है कि एक झील की ये छाया है
रेत की मौजों में ये कैसा उछाल आया है
यूँ जो रंगीन नज़र आती है दुनिया हमको
कुछ हक़ीक़त भी है इसमें कि फ़क़त माया है

4.5

है बना ताज जिनकी मेहनत से
उन ग़रीबों की क़ब्र इधर तो नहीं
जिसको कहते हैं प्यार की सौग़ात
वह अहंकार का शिखर तो नहीं

4.6

होते हैं खफ़ा जो वही देते भी हैं माफ़ी
जो सोच के हलके हैं वे चलते हैं उछलके
है फ़िक्र ज़माने को नहीं गिर पड़ें मयकश
सच में तो वही चलते हैं हर तरह सँभलके

4.7

इमला तो बड़ी होगी बुनियाद मगर उसकी
पत्थर ही से बनती है सोने से नहीं बनती
मिलती है सज़ा एक दिन सबको ही ख़ताओं की
बिगड़ी छवि जीवन की रोने से नहीं बनती

4.8

फ़क़त डिग्री के काग़ज़ से कोई ज्ञानी नहीं होता
यूँ कौषय कोष में कीटक कभी ध्यानी नहीं होता
दिखावा दान का बीमार मानस की निशानी है
जो क़ीमत दान की माँगे वो तो दानी नहीं होता

4.9

दीन के घर में सदा भूख का ही काल था
आज का धनवान ही कल भी मालामाल था
मुफ़लिसो-नादार की बात ना कुछ पूछिए
अब भी बुरा हाल है तब भी बुरा हाल था

4.10

जो अन्दर से डरा होता है वो ही धन जुटाता है
कि प्रेमी प्रेम की मस्ती में जान अपनी लुटाता है
फ़क़त ये जूठी चीजें प्यार के दीवाने खाते हैं
कि जूठे ज्ञान की घुट्टी तो दुश्मन भी चबाता है

4.11

खाना अधिक एक व्याप है
उपवास पश्चात्ताप है
ये पाप क्या है पुण्य क्या
इन्सान सबका बाप है

4.12

दुर्विचारों का बहता रेला है
भीड़ भेड़ों का एक मेला है
टोलियाँ बनती हैं लुटेरों की
जो भी सज्जन है वो अकेला है

4.13

धुलाए गेहूँ जो चाहे जितना
पराँठा गेहूँ का ही बनेगा
करेगा दुश्मन का क़त्ल दुश्मन
लहू तो इन्सां का ही बहेगा

4.14

बुलबुलों में नदी बन्द होती नहीं
रौशनी सूर्य की मन्द होती नहीं
क्या कभी क्रान्ति भी रोकने से रुकी
मौज दरिया की पाबन्द होती नहीं

4.15

है कौन किसकी खुशी की ख़ातिर
गगन में चंदा टँगा हुआ है
गुनाह क्या है फ़लक का आख़िर
ज़मीं पे ये क्यों झुका हुआ है

4.16

बोझ बीते दिनों के ढोने में
काट दी ज़िन्दगी ये रोने में
बेख़याली में उम्र गुज़री है
ख़्वाब सब खो गए हैं सोने में

4.17

अगर है खुदा तो खुदा हर जगह है
बहुत सोचने की ज़रूरत नहीं है
नहीं है खुदा तो कहीं भी नहीं है
उसे खोजने की ज़रूरत नहीं है

4.18

मुँडेर एक पर नहीं बनती
धरा अंबर नहीं बनती
सजा लो चाहे जितना भी
सराय एक घर नहीं बनती

4.19

यूँ परखनली में परमात्मा नहीं मिलता
धन के बदले पर धर्मात्मा नहीं मिलता
चाहे कितने भी कोई पिण्ड काटकर देखे
शव परीक्षा में तो जीवात्मा नहीं मिलता

4.20

जो ज़ख़ीरा है इज़्ज़त का इनके यहाँ
पाया है औरों की इज़्ज़तें लूटकर
पाठ क्या नीतियों के पढ़ाने लगे
आए हैं जब से वे जेल से छूटकर

4.21

उस दौर में नहीं था कोई दुश्चरित्र तो
दुर्बल की बेटियों के ख़रीदार कौन थे
किस ख़ौफ़ से थे होंठों पे ताले पड़े हुए
परिवार पीड़ितों के क्यों सतयुग में मौन थे

4.22

हर चक्र ज़माने का सुदर्शन नहीं होता
आँखों के बिना साँच का दर्शन नहीं होता
वैसे तो असर गहरा है इस चक्र का जग पर
रिक्तक में मगर शक्ति का घर्षन नहीं होता

4.23

आस्तीनों को मैं अश्कों से भिगो लेता हूँ
तकिया हाथों का बना फ़र्श पे सो लेता हूँ
दर्द की बात को ज़ाहिर नहीं करता सब पर
दर्द बढ़ता है तो तनहाई में रो लेता हूँ

4.24

झलकता रेत पे है जो सराब होता है
यूँ बेवकूफ़ बनाना ख़राब होता है
समझ में क्यों नहीं आती ये इश्तहार की बात
कि इसमें सोडे का मतलब शराब होता है

4.25

भक्त बन सकता है भगवन, है नहीं
नभ ये बन सकता है आँगन, है नहीं
रूप जीवन के हजारों हैं यहाँ
कल ये बन सकता है मधुबन, है नहीं

4.26

लूटके ही यह मिल सकता है लूटे बिना धन मिलता नहीं है
गरम अखाड़ों में ऐ यारो विवेक उपवन खिलता नहीं है
वह जो हक़ीक़त जाने सबकी सच को हुकूमत से क्या लेना
झूठ के हाथ में ताक़त सब सच को सिंहासन मिलता नहीं है

4.27

लौट-लौट दर पर क्यों बार-बार आता हूँ
यातायात से ऐसे क्या मैं सार पाता हूँ
वजह क्या है क्यों आख़िर गुस्सा इतना आता है
कौन मेरे भीतर है किससे हार जाता हूँ

4.28

जो कभी नहीं उगते वो कभी नहीं ढलते
लोग जो नहीं सोते नींद में नहीं चलते
हार उनकी होती है जीत की हो जिनको आस
राख के जले कण फिर आग में नहीं जलते

4.29

दिल को बन्द अगर कर दें तो रग में खून नहीं बह सकता
अँधियारे के साथ हो यारी ऐसा प्रकाश नहीं रह सकता
हर एक बात को इस दुनिया में साबित करना तो मुश्किल है
आँसू खुशी के हैं या ग़म के ये विज्ञान नहीं कह सकता

4.30

ज़िन्दगी बन जाए तिनका, घटना की औक़ात क्या है
है फ़क़ीरी मन में बैठी, फ़िक्र की फिर बात क्या है
होड़ में बस दौड़ने से मंज़िलें मिलती नहीं हैं
खेल क़िस्मत का है सारा आदमी के हाथ क्या है

4.31

फूल गगन में खिलते हैं अँधियारे से रस आता है
खुशबू उसी की आती है बस सीस पे जो बस जाता है
भरे हैं सब आकार अकड़ से क्या है वजह क्या है कारण
बर्फ़ के टुकड़े मिलते नहीं हैं पानी पर मिल जाता है

4.32

अंटे का नशा चढ़ता है फंटे का नहीं चढ़ता
हो राजा का घोड़ा भी तो नभ में नहीं उड़ता
एक अंजली भर लेने से होगा भी असर कितना
तालाब में कुछ इतने से गड्ढा तो नहीं पड़ता

4.33

होती है सत्य ही की विजय अन्त में
सत्य विजयी कभी फिर भी होता नहीं
हार भी खेल का एक अभिन्न अंश है
हार से जो खिलाड़ी हो रोता नहीं

4.34

एक ऐसी दूरबीन की तलाश है मुझे
कि बीज में ही फूल को मैं देखता रहूँ
यूँ द्रष्टा और दृश्य में न भेद हो न फ़र्क़
मैं विश्व-मानचित्र को अभेद ही कहूँ

4.35

रखते हैं उनसे प्यार का रिश्ता पड़ोसियों को छलते नहीं हैं
करते दुआ हैं उनकी ख़ातिर डाह से हरगिज़ जलते नहीं हैं
घिसी-पिटी जो पटरी हो तो रखते नहीं हैं पाँव कभी हम
ख़ास सड़क पर चलनेवाले आम सड़क पर चलते नहीं हैं

4.36

महलों के मीनारों में क्या अर्थ है
दूर के उन तारों में क्या अर्थ है
जब तलक ये भुखमरी मिटती नहीं
आधुनिक हथियारों में क्या अर्थ है

4.37

बेसबब कुछ बकने में क्या अर्थ है
इन लतों से छकने में क्या अर्थ है
जब कमर के नीचे कपड़ा ही नहीं
फिर यूँ चेहरा ढकने में क्या अर्थ है

4.38

बे-मग़ज़ के शीश में क्या अर्थ है
रैन बिन रजनीश में क्या अर्थ है
जान तो अब फूँकी जा सकती नहीं
लाश की तफ़तीश में क्या अर्थ है

4.39

चाह नहीं मुझको सलिल की सूर्य-प्रभा पी जाऊँगा
हाथ में मेरे आज है ताली बनकर फूल इतराऊँगा
रंग रंगीला जीवन मेरा गीत बहार के गाऊँगा
होके गुलाब हँसूँगा यारो बनके चमेली छाऊँगा

4.40

नव युग ये आ चुका, आएगा, आ ही रहा है
नवभेंट ला चुका, लाएगा, ला ही रहा है
जी लो इस घड़ी को तुम जी भर के आज वरना
जीवन तो जा चुका, जाएगा, जा ही रहा है

5. दोहे

जल तो जलके आग में बन जाता है भाप।
बाती जो जलती रहे बढ़ जाता है ताप ॥1॥

अंबर में उड़ जाएगा पानी बनकर भाप।
सहना होगा पर उसे सौ डिग्री का ताप ॥2॥

सबसे बड़ा है ये भरम आएगा धन काम।
दौलत से कैसे यहाँ कोई ख़रीदे राम ॥3॥

मिट जाएँगी नफ़रतें रह जाएगा प्यार।
तब फाँसी का फंद भी बन जाएगा हार ॥4॥

अंतर्मन का ज्ञान से होगा जभी विकास।
दुर्मतियों की जेल से मिल जाएगा निकास ॥5॥

बाती जले जो प्यार की बदले जीवन रीत।
गाली के श्रम मात्र में फूटेंगे कुछ गीत ॥6॥

होली और दीपावली आओ मनाएँ साथ।
चित्र बनाएँ फूल का लिए तूलिका हाथ ॥7॥

अंगारे भी प्यार में बन जाते हैं पराग।
हो जाएगा रहमदिल जिसमें है अनुराग ॥8॥

बोझा ढोना पेट में आनन्द अथवा पीर।
बस जाता हिमरूप में शिखरों पर वो नीर ॥9॥

मिटना तो हर हाल में ले आता है शोक।
कुर्सी पर ही मौत को आतुर क्यों है लोक ॥10॥

आगम होगा दुष्ट का साधू का था अतीत।
होती है संसार में पाखंडी की जीत ॥11॥

कैसे निशाना भेदते पास नहीं है बाण।
जो हैं कहना चाहते उनको नहीं जबान ॥12॥

करवाता है सब वही क्या है अपने हाथ।
मिल जाती है मुफ़्त में जीवन की सौग़ात ॥13॥

आती है उन पर दया लोग हैं जो बीमार।
क़ाबिल हैं वे प्रेम के जिनमें भरा खुमार ॥14॥

मिट्टी ही संसार में बनके खिली है फूल।
इसको मत ठुकराइए व्यर्थ नहीं है धूल ॥15॥

बैठे हो गुल के यहाँ छोड़ो शूल की बात।
कुदरत की ये देन है जोड़ो रब को हाथ ॥16॥

मिलती जहाँ हो आत्मा ऐसी नहीं है पैठ।
गर्दन-गर्दन पर कटी जाती नहीं है बैठ ॥17॥

घट जाए जो चूक से कहलाती है टूट।
जो सच के विपरीत है होता है वो झूठ ॥18॥

6. क़व्वाली

इलहाम का कलाम लगा रखा है सीने से
बेचैन दिल को क़रार मिलता है पीने से

जिन से रोशन है मैख़ाना
उन तलबगारों को सलाम
दिल की तलक़ीन सच्ची है
सच्ची है मैख़ाने से लगन
बिहिश्ती शबनम से होता है
दर्देसरी पीर का दमन
बंदापरवर को याद फ़र्मा के
सब्र-सुकूँ से वाहवा बोल
और कितना सब्र करूँ
खोल जल्दी से ढक्कन खोल

तेरा नाम कमाल है
कमाल तू कमाल कर
ज़माने की फ़िक्र छोड़
कर, तू धमाल कर
सर्द-सर्द रात सुहानी
दिल के अरमाँ पूरे कर
बड़ी शिद्दत से मिली है
पूरी बोतल ख़ाली कर
इस निरंजन चीज़ को
ज़र या ज़ेवर से ना तोल
और कितना सब्र करूँ...

रुँगठा-रुँगठा बेसब्र है
लब पर सुरूर छाया है
रब के चश्म-ए-शाही से
रब्बानी कोई लाया है
मिटा ले गले की सूखन
क़तई इनकार मत कर
पीना हमारी फ़ितरत है
तू तबीयत से जाम भर
ये जन्नत का कीलाल पीकर
ताल मिलाने की बात बोल
और कितना सब्र करूँ...

यूँ हचक-हचक मन की बंदिशों को तोड़ूँगा
नभचरों-सा रिश्ता मैं आसमाँ से जोड़ूँगा

7. गीत

7.1 मुझे कुछ तो हुआ है

मन को मेरे सावन की हवाओं ने छुआ है
बेक़ाबू हुआ हूँ जो मुझे कुछ तो हुआ है

छापूँ मैं ख़बर कोई कि तसवीर बनाऊँ
ढोलक पे दूँ मैं थाप कि एकतारा बजाऊँ
सहरा में ये जो फूल खिला किसकी दुआ है

है रोज़ मेरी सालगिरह जश्न मनाऊँ
मैं चाँद-सितारों पे अभी बज़्म सजाऊँ
ये दिल मेरा रंगीन है रंगों का कुआ है

दीपक को जलाऊँ कि मैं सौरभ को बुलाऊँ
या सेज पे मख़मल की मैं अब खुद को सुलाऊँ
जीवन तो जुगारी के लिए एक जुआ है

बाँध दो मेरे पाँव में घुँघरू तलवारों पर नाचूँगा
खनक जहाँ है हथियारों की प्यार के नग़मे गाऊँगा

7.2 माँ की याद

जब भी आँधी आती है
कोई चीज़ डराती है
तेरी याद आती है
माँ
तेरी याद आती है

जानी अनजानी सड़कों पर
रैन-दिवस मैं भाग रहा हूँ
एक मंज़िल की तलब को लेकर
एक-एक महफ़िल त्याग रहा हूँ
पीड़ा जब-तब होती है
ठेस कभी लग जाती है
तेरी याद...

ललचौंही कायिक आँखों पर
शीशे लगाए चलता हूँ
तेरे आशिश की ताक़त पे
सीस उठाये चलता हूँ
माँ-माँ कहकर रोता हूँ
जब भी मुसीबत आती है
तेरी याद...

मैं भटकैया, मैं सौदाई
इस जमघट में भटक गया हूँ
साँस बची है आस बची है

•

ख़्वाब जाल में अटक गया हूँ
जब भी मेरे जीवन में
अनहोनी घट जाती है
तेरी याद...

चाहे कुरूप ही दिखती हो
पर माँ को कुरूप नहीं कहते
और किसी की सह लेते हैं
माँ की बुराई नहीं सहते

7.3 बहन

यादों की इस बग़िया के वो फूल हैं खुशबूदार
खुशबू जैसा महका-महका बहना तेरा प्यार

रेशम की डोर एक बहाना
सावन रुत का ये नज़राना
गहरे-गहरे खून के रिश्ते
रिश्तों पर है खड़ा ज़माना
एक ही सीप के दोनों मोती
रब से जुड़े हैं तार
खुशबू जैसा महका-महका...

बीता-बीता बचपन बीता
आई-आई याद पुरानी
बाबुल का घर प्यारा-प्यारा
तू घर की थी गुड़िया रानी
भोली-भाली बातें तेरी
अनघ-अनघ है तेरा प्यार
खुशबू जैसा महका-महका...

उस आँगन में खेले-कूदे
झूसे झगड़े झूठे-झूठे
अटकन-बटकन से खेलों में
रहते थे हम रूठे-रूठे
प्यारी-प्यारी उस चौखट को
वंदन सौ-सौ बार
खुशबू जैसा महका-महका...

7.4 है जीना क्या यह मरना क्या

नैनं छिन्दन्ति शस्त्राणि नैनं दहति पावकः।

हम आए हैं अमृत पीकर
फिर मरने से यूँ डरना क्या
ज़र्रा-ज़र्रा अमर यहाँ का
है जीना क्या ये मरना क्या

वर्षा का भय उनको होगा
जो मिट्टी के कच्चे घड़े हैं
गिरने से वो डरते रहेंगे
बच्चे नहीं हैं जो कि बड़े हैं
गिरना-उठना अंतहीन है
उठना क्या और गिरना क्या
है जीना क्या यह मरना क्या

मौत यहाँ का झूठ बड़ा है
मरके ही फिर जनम मिलेगा
खुद को यूँ ही बचा-बचाकर
सच का कैसे पता चलेगा
तग़ीर तो है धर्म जहाँ का
तग़ीर होने से डरना क्या
है जीना क्या यह मरना क्या

गरल में अमृत की हैं बूँदें
जगत गरल से नहीं मिटेगा
जला-जलाकर गोला बारूद

रत्तीभर भी नहीं घटेगा
सारे हिस्से एक उसी के
ये सागर क्या है झरना क्या
है जीना क्या यह मरना क्या

जो मिष्ठान्नों के आदी हैं कड़वे सच से बचते हैं
डालें जो न शुगर कैप्सुल में पाचक रस नहीं पचते हैं

7.5 जन्नत

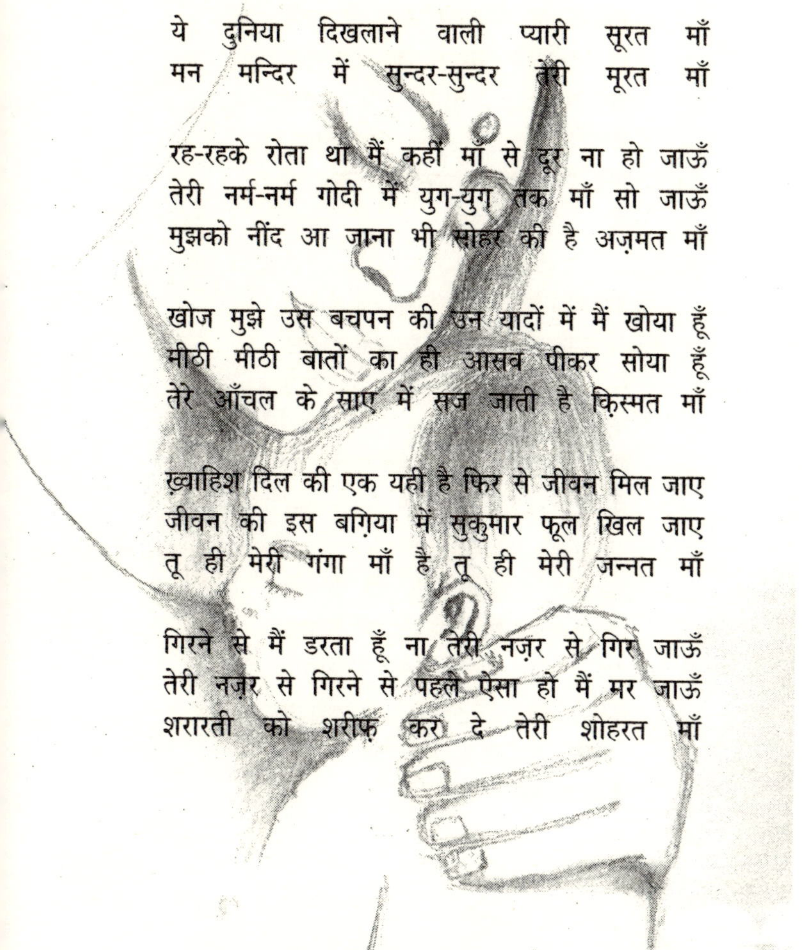

ये दुनिया दिखलाने वाली प्यारी सूरत माँ
मन मन्दिर में सुन्दर-सुन्दर तेरी मूरत माँ

रह-रहके रोता था मैं कहीं माँ से दूर ना हो जाऊँ
तेरी नर्म-नर्म गोदी में युग-युग तक माँ सो जाऊँ
मुझको नींद आ जाना भी सोहर की है अज़मत माँ

खोज मुझे उस बचपन की उन यादों में मैं खोया हूँ
मीठी मीठी बातों का ही आसव पीकर सोया हूँ
तेरे आँचल के साए में सज जाती है क़िस्मत माँ

ख़्वाहिश दिल की एक यही है फिर से जीवन मिल जाए
जीवन की इस बग़िया में सुकुमार फूल खिल जाए
तू ही मेरी गंगा माँ है तू ही मेरी जन्नत माँ

गिरने से मैं डरता हूँ ना तेरी नज़र से गिर जाऊँ
तेरी नज़र से गिरने से पहले ऐसा हो मैं मर जाऊँ
शरारती को शरीफ़ कर दे तेरी शोहरत माँ

बन बैठा है आज जो राजा कल एक माँ का बेटा था
हर बच्चे का बाप किसी दिन माँ की गोद में बैठा था

7.6 मैं क्या करूँ

परछाईं से मिलकर रवाँ हो गयी
हाँ जवाँ हो गयी मैं जवाँ हो गयी
आईना लागे प्यारा
प्रतिबिम्ब न्यारा-न्यारा
तसवीर मुझे तरसाती है माँ
मैं क्या करूँ

पंछियों-सी लहर-बहर उड़ रही हूँ माई
आसमाँ की सीढ़ियाँ चढ़ रही हूँ माई
मैं झूमूँ या मैं गाऊँ
कैसे क़रार पाऊँ
ये बहती हवा बहकाती है माँ
मैं क्या करूँ

रुख़सार पे लाली चढ़ रही है माई
धुकड़-पुकड़ सीने में बढ़ रही है माई
ये तेरे घर का आँगन
मेरा अंग-अंग चंदन
अपनी ही साँस महकाती है माँ
मैं क्या करूँ

7.7 जगदंबे-जगदंबे

मुझ पर आज तेरा हो जाए करम अंबे
नैया मेरी पार कर जगदंबे जगदंबे

है कैसा पत्थरों में जोश ऐ माई
क्या हैं पुजारी तेरे बेहोश ऐ माई
हैं जो खड़े मंदिरों में एक-एक खंबे
नैया मेरी पार कर जगदंबे जगदंबे

होंगी इनायत से तेरी मन्नतें पूरी
कम होंगे फ़ासले मिट जाएगी दूरी
दर पे तेरे चलके आया रस्ते ये लंबे
नैया मेरी पार कर जगदंबे जगदंबे

चरणों में तेरे रक्खूँ फूल पूजा के
मस्त मैं हो जाऊँ तेरे चौक में आके
उधे-उधे अंबे कि जय हो तेरी अंबे
नैया मेरी पार कर जगदंबे जगदंबे

8. कविता

8.1 क्या ख़ता है

नहीं मिलेगी परी कोई पर सँजोना सपने भी क्या ख़ता है
रुलाना जग को ख़ता है लेकिन सताना खुद को भी क्या ख़ता है

पहनके खादी शराब पीना ये हमने माना ख़ता है लेकिन
बताओ ये तो शराब पीकर पहनना खादी भी क्या ख़ता है

ये हमने माना कि ध्यान विधि में चिरूट पीना खता है लेकिन
बताओ ये तो धुआँ उड़ाने में ध्यान सधना भी क्या ख़ता है

किसी हक़ीक़त को फ़ायदे के लिए छिपाना ख़ता है लेकिन
किसी हुकूमत से फ़ायदे की उमीद रखना भी क्या ख़ता है

किसी को जबरन गले लगाना ये हमने माना ख़ता है लेकिन
किसी की मर्ज़ी से उसकी बाँहों में मस्त होना भी क्या ख़ता है

चोरी हुई ख़ता किसी कमज़ोर की नहीं
बदनामी ये तो राजा की है और की नहीं

है तो ख़ता उनकी मगर मोहलत नहीं फ़रियाद की
चेला हुआ नाकाम तो नाकामी है उस्ताद की

8.2 वीणा

झनक-झनक झनकाए वीणा
राग में यूँ रँग जाए वीणा
सुर अमृत बरसाए वीणा
नाद ब्रह्म गुण गाए वीणा

किरण जो उतरे अंतर्घट में
मचलके दिल का कँवल खिलेगा
दीपक राग की जगमग से फिर
बुझा हुआ वो दिया जलेगा

यूँ मेघ मल्हार मोहिनी से
वो बदरी झुक-झुक जाए रे
उस सुर सत्त्व समागम से ही
ये अनरितु वर्षा आए रे

रागी राग सजाए वीणा
महा पहेली बुझाए वीणा
सुध-बुध तब खो जाए वीणा
आपामेट में आए वीणा

तेज तरन्नुम तार तराने
छिड़ जाएँ जब कोने-कोने
तार पड़ोसी तुमड़ी के भी
लग जाएँगे झंकृत होने

फ़नकारों की सही कसौटी
श्रेष्ठ कला की है ये पहचान
जानो दिल से जिसे पुकारें
कुदरत से मिलता है सम्मान

मैं सुर का सरताज बनूँगा
मैंने ऐसा ख़्वाब सजाया
दिल में कुछ अरमान थे ऐसे
तीखा-फीका राग बजाया

छिटक-छिटक के जब छेड़े तार
तार-तार और हो बैठे तार
ना कोई अचरज ना झनकार
बीन बजी यूँ बस हो गई हार

झड़ न सके तब वे अंगारे
फिर न बुझा वो दीप जला क्यों
चीख रहा था लाल नगीना
किन्तु उजाला नहीं मिला क्यों

हाय कि मय भी थी मीना भी
चाह से खेल उद्घात हुआ था
फ़िदा-फ़िदा थी पूरी महफ़िल
हार का पर आघात हुआ था

उस्तादों में हैं वो ज़रूरी
सुलगाने की श्रेष्ठ कला जी
उस कर्तब का धनी वही है
साधना की जो राह चला जी

यह तो कभी-कभी घटता है
राग में यूँ रागी मिटता है
यह तो कभी-कभी घटता है
अमृत का झरना झरता है

टूटे तार हों वीणा के तो उसको बजाना मुश्किल है
चुन चुन तारे नीलगगन के थाल सजाना मुश्किल है

8.3 चक्का

संसार का मतलब भवचक्का
एक-एक अंश है इसका चक्का
यहाँ नहीं घर कोई पक्का
देखनेवाला है भौंचक्का

बियत में तारे घूम रहे हैं
चक्के के आरे घूम रहे हैं
निज के चक्कर काटनेवाले
मारे खुशी के झूम रहे हैं

घुमक्कड़ों का क्या है भरोसा
आज हैं ऊपर कल को नीचे
चक्की में हैं पीसे जाने
कोई आगे कोई पीछे

भवचक्के में इन्सां चक्का
घूम-घुमाना है उनका काम
घूमते-घूमते गुम होने से
ये जीवन सारा है बदनाम

चक्के जो कि परिधि में फैले
हैं प्यारे-प्यारे उनके गाँव
डैना मारके ढूँढ़ रहे हैं
ये चकवे अपना-अपना ठाँव

कुदरत की उन रुकावटों को
चतुरंगी चक्का करेगा दूर
उड़न खटोला उड़ने लगेगा
भरा है चक्के में ऐसा नूर

चलता जाए चलता जाए
चलता जाए ये दिन-रात
अग-जग की इस कारगरी का
फिर क्यों वह कारु है अज्ञात

नल के पीछे पाइप है, उसके पीछे सरोवर है
कौन जहाँ के पीछे है, नीचे कौन धरोहर है

8.4 तनहाई

आख़िर ये तनहाई क्या है
कौन है भीतर कौन है तनहा
बेचैनी का आशय क्या है
क्यों लगते हैं तनहा-तनहा

फ़ितरत से तो हम हैं तनहा
ये तन तनहा है मन तनहा
दूर यूँ भागके तनहाई से
जो हैं किनाराकश हैं तनहा

होश सँभालें हम तनहा
साँस-उसास में हम तनहा
फिर नौ मास वो गुज़रे कैसे
गर्भ में थे तो क्या थे तनहा

जुटा रहे थे साथ सभी का
साथ खुद अपना छूट गया है
दूर गए हैं खुद ही से खुद
इसीलिए तो हम हैं तनहा

हम थे अकेले हम थे तनहा
भीड़ में रहकर भी तनहा
शिकस्त खाकर भी तनहा
शिखर पे जाकर भी तनहा

अन्दर ढूँढ़ा बाहर ढूँढ़ा
जन में ढूँढ़ा मन में ढूँढ़ा
थे हम तनहा हैं हम तनहा
कौन हैं हम जो यूँ हैं तनहा

ज्ञानी को मैं सुनने को मन में गुनगुनाता हूँ
खुद से बातें करता हूँ ज्ञानी को सुनाता हूँ

8.5 फूल

एक पौधे की दो शाखाएँ एक भरी है एक है खाली
और महकते झोंके पवन के शुभ मंगल है डाली-डाली

हर डाली भरपूर सजी है हर एक फूल पे लाली है
डाल-डाल पर डेरा डाले शूलों की रखवाली है

फूलों की ख़िदमत करने को फुलवारी में भीड़ बहुत है
कीट-पतिंगों का मेला है और चिड़ियों को नीड़ बहुत है

है सुरंग पे खड़ी हवेली नींव है जिसकी की झिरी-झिरी
पल्लव के पोषण की ख़ातिर जड़ पहुँची है दरी-दरी

असल बहाने इशरत के फूल का मक़्सद बाहिज शान
फूल तो पूरी मस्ती में हैं जड़ के हाथ विटप की जान

फूल नहीं खिल पाते हैं तो भोग नहीं है विलास नहीं है
और जड़ें ही ख़त्म हुईं तो फिर फ़सलों की आस नहीं है

वक़्त बुरा है तो फिर पहले फूलों को ढहना होता है
वृक्षों को तो साथ जड़ों के आख़िर तक रहना होता है

देखते-देखते ज़ीस्त कट जाएगी
शाख़ पर ही कली कल सिमट जाएगी

8.6 नदी

जन्नत की परी सुन्दर-सी वंकर-वंकर बहने लगी
कलकल करती जलधारा फिर प्रस्थान की बातें कहने लगी

वन-उपवन आसे-प्यासे थे हौले से निसा भी होती रही
बतरस की बूँदों को छककर तन-मन की तृषा भी खोती रही

अपनी ही सोच रखी जिसने उससे सब रिश्ता तोड़ दिया
भँवर की कुण्ठित बातों को मँझधार में उसने छोड़ दिया

जो सीमा और किनारे थे उन सबको उसने मिटा दिया
बेक़ाबू होकर धारा ने चट्टानों को भी हटा दिया

तेज़ी से बढ़ती धारा ने कुछ ऐसा अद्भुत काम किया
धोनेवालों के पापों को अपनी ओली में बाँध लिया

वो शैलसुता थी लेकिन हाँ फिर शैल पे वापिस जा न सकी
धरती को तो उसने जीत लिया आकाश को फिर भी पा न सकी

चरणों में पहाड़ गिरे उसके चट्टान गिरी सो फूट गई
यात्रा तालाब में रुकने से क्यों उसकी हिम्मत टूट गई

इत्र में जो सम्राट नहाया
लोग न जानें, कितना दुखी है
लपटें उसकी दिखती नहीं हैं
लेकिन मन में ज्वालामुखी है

8.7 पछतावा

धुँधलाई में देखा क़लम को वो काग़ज़ पर दौड़ रही है
कोरी-कोरी धौलाई पर जटुल को पीछे छोड़ रही है

जो कोई था कारक उसका रंगे हाथ ही जालिक जकड़ लिया
दंग हुआ था तब मैं खुद भी जब हाथ का मालिक पकड़ लिया

क़लम कुड़ी को नचाने वाला ऐरा-ग़ैरा-सा दिखता था
वह मेरा हाथ मेरा माथा मेरा मुक़द्दर ही लिखता था

मैंने ऐसा मान लिया था भाग्य विधाता और कोई है
कठपुतली हूँ और किसी की सूत्र हिलाता और कोई है

पोल खुला है साक्ष्य मिला है चित्रकार को जान चुका मैं
सूत्र पकड़ रक्खा है मैंने इस सच को पहचान चुका मैं

बेगानों का भाग्य लिखेगा इतनी फ़ुरसत है किसको
मुफ़्त नवीसी कौन करेगा सोच रहा हूँ मैं इसको

बीज नीम के बोए मैंने तो कड़वा फल पाना है
खुद को चोट लगाई है तो खुद को ही पछताना है

बीज है जो भी बोया जाता फूल तो उस का ही खिलता है
कल्पवृक्ष सी है ये दुनिया हर ख़्वाहिश का फल मिलता है

8.8 मैं जानता हूँ

मैंने उसको ग़लत तो जाना
फिर भी वही सब करता रहा मैं
जान रहा था मैं सच क्या है
लेकिन सच को कह न सका मैं
सत्य उँड़ेला जा तो रहा था
कड़वा था सो पिया नहीं मैं
व्यर्थ बहस में उम्र गँवा दी
होश से जीवन जिया नहीं मैं

बेमतलब थी सारी कुड़कुड़
नहीं पता था लोग सुनेंगे
पीट रहा था ज़ोर से टेबल
अनजाने क्या लोग गुनेंगे
उड़ती ख़बरें सुन लीं जिसने
गप को सच माना उसने

अथातो,
मुझको लोग सुनाने आए
मेरे ही सुर मुझको सुनाए
थोथे वचनों की थी क़िस्मत
झूठ ने पायी भारी इज़्ज़त

जान रहा था झूठ है सारा
पर सबने दोहराया उसको
मिलाके तुक वो रहे सुनाते
और सुरों में गाया उसको

मुझको भी सन्देह हुआ तब
क्योंकि स्वाद था मीठा उसका
झूठ का स्वाद लगा मैं लेने
लोग सभी मक़बूल वहाँ थे
होना पड़ा मक़बूल मुझे भी

कितने होंगे प्रबुद्ध जहाँ में
कितने सत्य को जानते होंगे
मूँद के आँखें मानते हैं वे
दावे उनके सारे झूठे
क्या सच्चाई जानते हैं वे

हाथ में दीपक लेकर भी दीवारों से टकराएगा
मानके कंकर ही हीरों को अंधा तो ठुकराएगा

8.9 मेरा रिश्ता रब से है

रूसी हो या हिन्दी
चीनी हो या सिंधी
यह दुनिया मेरी है
होश ये जब से है
मेरा रिश्ता रब से है
हर बोली का अपना लहजा
गरिमा न्यारी है
नदियों की कलकल प्यारी है

क्या सुन्दर रचना है
ये ख़ालिके आलम की
सब उलझा-उलझा है
है ख़लक़त उलझन में
हर ज़र्रा उसका है
हर इन्सां मेरा है
यह दुनिया मेरी है
होश ये जब से है
मेरा रिश्ता रब से है
हर बोली का अपना लहजा
गरिमा न्यारी है
नदियों की कलकल प्यारी है

हूँ गाँव का मैं वासी
हर गाँव ही प्यारा है
घर ओज से भर दे जो
वह एक ही तारा है

एक किरण हूँ उसकी
ये अंबर मेरा है
यह दुनिया मेरी है
होश ये जब से है
मेरा रिश्ता रब से है
हर बोली का अपना लहजा
गरिमा न्यारी है
नदियों की कलकल प्यारी है

है दर्द सभी का एक
हैं सबके एक-से मर्ज़
औरों के ग़म दूर करें
है इन्सानों का फ़र्ज़
उसका ही हर एक करम
मेरा है हर एक धरम
यह दुनिया मेरी है
होश ये जब से है
मेरा रिश्ता रब से है
हर बोली का अपना लहजा
गरिमा न्यारी है
नदियों की कलकल प्यारी है

पवन है ये जूठी जूठी
हम साँसें लेते हैं
बड़ के पत्ते डंठल से
जो अमृत पीते हैं
मैं सरबस का टुकड़ा हूँ
हर दुखड़ा मेरा है
यह दुनिया मेरी है
होश ये जब से है
मेरा रिश्ता रब से है

हर बोली का अपना लहजा
गरिमा न्यारी है
नदियों की कलकल प्यारी है

बंद लिफ़ाफ़े लफ़्ज़ों के
जब पैग़ाम सुनाते हैं
अंतर्मन के मेल से ही
दिल से दिल मिल जाते हैं
दिल पे दिल की दस्तक
हर गुंजार ही मेरा है
यह दुनिया मेरी है
होश ये जब से है
मेरा रिश्ता रब से है
हर बोली का अपना लहजा
गरिमा न्यारी है
नदियों की कलकल प्यारी है

उर्दू की वह अम्मी
अंग्रेज़ों की मम्मी
है मराठी में आई
तुझको वंदन मेरा माई
माँ को वंदन जो करे
वो भाई मेरा है
यह दुनिया मेरी है
होश ये जब से है
मेरा रिश्ता रब से है
हर बोली का अपना लहजा
गरिमा न्यारी है
नदियों की कलकल प्यारी है

प्यार की भी एक ज़बाँ है
परिमल की भी एक

देखो दूध का रंग है एक
और लहू का भी है एक
इन्द्रधनुष का हुस्न हूँ मैं
यह कण कण मेरा है
यह दुनिया मेरी है
होश ये जब से है
मेरा रिश्ता रब से है
हर बोली का अपना लहजा
गरिमा न्यारी है
नदियों की कलकल प्यारी है

एक है विज्ञान जग का और ज़[illegible] है
एक मरघट क्यों नहीं जब ज़च्चाख़[illegible] है

8.10 अंडा

ठोंककर देखिए अंडा कहीं गंदा तो नहीं
अंधे अंडों का ही इनका कहीं धंदा तो नहीं

कहीं फूलों से सजाया हुआ फंदा तो नहीं
कहीं झंडे में छिपाया हुआ डंडा तो नहीं

ग़ौर से देखो कहीं हाथ ये गंदा तो नहीं
ख़ून के जाम का शौक़ीन दरिन्दा तो नहीं

शहर के अम्न का दुश्मन कोई गुंडा तो नहीं
खोदकर देखिए क़ब्रें कोई ज़िन्दा तो नहीं

मुर्दों के मांस का भूखा ये परिंदा तो नहीं
क़ब्रगाहों ही में अब इनका घरौंदा तो नहीं

प्यार का इत्र छिड़क देने से नफ़रत सारी घट जाती है
तलवारों से खेलती गर्दन तलवारों से कट जाती है

8.11 कहने के विपरीत

कहे उजाला जो ईश्वर को
समझ लो तम से डरा हुआ है
ज़मीं पे जिसकी भी होगी छाया
वो शख़्स जड़ से भरा हुआ है

कहे जो धनवान मैं कभी था
समझ लो वैभव गँवा चुका है
बहुत जो पत्थर उछल रहा था
निकट समापन के आ चुका है

कहे जो मैं जानता हूँ सबकुछ
समझ लो कुछ जानता नहीं है
महान होता है जो वो खुद को
महान हूँ मानता नहीं है

कहे जो औरों ने है पिलाई
समझ लो धोके से जी रहा है
वो ज़हर पीता नहीं कभी क्यों
जो ज़िद पे अंगूरी पी रहा है

कहे जो अपनी बहुत है इज़्ज़त
समझ लो उसकी नहीं है इज़्ज़त
नहीं है जिसको तमीज़ कोई
ग़लत है ऐसे मनुज से हुज्जत

छाप जिसकी हो दोनों तरफ़ एक-सी
सिक्का ऐसा कभी असली होता नहीं
नींद छीनी हो औरों की जिसने कभी
वो कहीं चैन से खुद भी सोता नहीं

8.12 पहचान

पौधे की गरिमा खेत में
झरने की गरिमा रेत में

दीपक का गौरव रात में
बल शस्त्र का आघात में

राजा का वैभव जीत में
गुण की परीक्षा रीत में

दूल्हे की जय बारात में
घन की गरज बरसात में

इन्सां की ताक़त हाथ में
पहचान कुल की बात में

ज़र क़ी कसौटी आग में
संगीत महती राग में

है तप की हशमत त्याग में
और ध्यान सधे बैराग में

जिस महीने में पूनम नहीं आएगी
उस महीने में आती नहीं चौथ भी
जन्म जिसका हुआ, फ़िक्र होगी उसे
जो अजन्मा है उसकी नहीं मौत भी

8.13 विचार

दुनिया को विचार एक हिला सकता है
मौसम तो कई फूल खिला सकता है

घर छोड़ा विचार ये नहीं छूटेगा
बुत तोड़ें विचार तो नहीं टूटेगा

धक्का जिसे दें वो ही विचार आता है
है जिसकी तलब छूट वही जाता है

क्यों दबके विचारों के तले मरते हैं
क्या इतना है लाज़िम विचार हम करते हैं

कुछ अच्छे विचार देखे दुर्जन में भी
मिल जाएगा हैवान तो सज्जन में भी

कोई नज़र-अन्दाज़ नहीं कर सकता
बे ज़िक्र-ए-ज़मीं पेट नहीं भर सकता

> ऊँचे से ऊँचा विचार रहे
> इन्सां से तो ऊँचा नहीं
> जग की नज़र में ओछा है
> वो अपनी नज़र में ओछा नहीं

8.14 दुनिया को पागलख़ाने में डालो

तैयार गोले तैयार बम हैं
गोली ज़्यादा इन्सान कम हैं
हथियारों से ये धरती भरी है
हमलों से इनके ज़ख़्मी परी है
आतुर हैं सारे मिटने की ख़ातिर
अपने ही हाथों से पिटने की ख़ातिर
देखो जलन से जलते हैं इन्सां
इन्सानों को ही छलते हैं इन्सां
इस आग से तुम खुद को निकालो
दुनिया को पागलख़ाने में डालो

सोने की चिड़ियाँ धरने की ख़्वाहिश
क़ब्ज़ा गगन पर करने की ख़्वाहिश
जलकर फतिंगे मरते हैं कितने
मारते हैं, हमले करते हैं कितने
झूठे हैं इनके अंदाज़ सारे
बर्बादी लाते हैं बाज़ सारे
ये आस्तीनों के साँप जो हैं
देते हैं धोके चालाक वो हैं
धोके बहुत हैं खुद को सँभालो
दुनिया को पागलख़ाने में डालो

कुछ रंग इसमें भरके भी देखा
पड़ताल सर की करके भी देखा
ना आत्मा की पाई निशानी
हैं ऐसी ही क्या ये आनी-जानी
इन्सां को पुतले कहते हैं रोगी

बाज़ार में कुछ क़ीमत तो होगी
बेकार कहके इनको न फोड़ो
बनते ही रहते हैं कितने भी तोड़ो
है पेट ख़ाली हाथों में गोली
दिल में कपट है मीठी है बोली
ख़ुद को न इनके साँचे में ढालो
दुनिया को पागलख़ाने में डालो

लगता है कितना खाने को इनको
दुनिया में आकर जाने को इनको
करना ये हमले आदत बुरी है
गर्दन है उनकी जिनकी छुरी है
क्यों धन किसी का अपना कहेंगे
उसको गणक से गिनते रहेंगे
दिल में रहम ना लब पर दुआ है
ऐसा पतन इन्सां का हुआ है
बुझने न पाए दीपक सँभालो
दुनिया को पागलख़ाने में डालो

दहशत दिमाग़ी दीवानापन है
रोगी है मानस बेरोग तन है
ज़ालिम मग़ज़ है ज़ाहिर हुआ है
तालीम ही बस इसकी दवा है
परिणाम है बुद्धि का ही सारा
हृदय को सबके शिक्षा ने मारा
नीलाम मंडी में पाठशाला
क्या जाने गिनती वो खानेवाला
बाज़ार जग है इसमें हैं पैसे
पैसों से तहज़ीब बदलेगी कैसे
काँटे घड़ी के उल्टे घुमा लो
दुनिया को पागलख़ाने में डालो

जो है निजी धन वो तो है हिंसा
इस तनतने की होगी प्रशंसा
दंगों से नक़्शा बिगड़े चमन का
हड़बोंग से क्या रिश्ता अमन का
इतिहास पढ़कर क्या किसने पाया
सीने में झाँको पाओगे माया
दिल का महल ये सबको दिखा दो
बदले गणित के गाना सिखा दो
है सीस धोना साबुन मँगा लो
दुनिया को पागलख़ाने में डालो

जिसके सर में होश भरा हो धोखा कभी न खाएगा
दरवाज़े पर गरुड़ पंख हैं साँप न भीतर आएगा

9. मुक्तछंद

9.1 स्वभाव

अंत्ययात्रा अस्तित्व का
अंकपान है
मृत्यु तो जीवन का
इम्तिहान है

हार ही जीत का
सपना दिखाती है
हर जीत के बाद
निराशा आती है

एक को मनाओ तो
एक रूठ जाती है
पद के पीछे भागने से
पत्नी छूट जाती है

ये तो बस कुदरत की
कीमिया है सारी
ऐसे फूल भी हैं यहाँ
जिनमें दुर्गंध है भारी

सूर्य किरण मुट्ठी में
बँधती नहीं कभी
बँध जाएं जो मुट्ठी में
मिट्टी ही है सभी

स्वरूप को जानने से
हमें ज्ञान मिलता है
बीज की बदौलत ही
कोई फूल खिलता है

अभाव का चिन्तन
मन का स्वभाव है
आज पर कल का
गहरा प्रभाव है

सच में दो ही बच्चे अच्छे ये लिखने वाले के दस बच्चे हैं
ढपे हुए हैं सब कपड़ों से इस दुनिया में कितने सच्चे हैं

9.2 यौन

चाप के हटते ही कमानी मूल स्थिति में आती है
यौन दमन के रुग्णों से मानवता चोट खाती है

शैतान अगर बसा है अन्दर ख़ातून कैसे लगेगी सुन्दर
शकील थी पर अब नहीं, अपनी हुई वह तब नहीं

प्रजनन है बेझ जग का चिड़ियाँ-चुनमुन कामासक्त हैं
है बेहद मुश्किल भेद करना कि भनांकु हैं या भक्त हैं

ताऊस नृत्य मन भाँवरो, फूलों में रँगरेज़ी है
सारंग की देह कस्तूरी यौन की जालसाज़ी है

सृष्टि के महामंच पर यह खेल सृजन का जारी है
चाव-भाव से हमजोली को वश करने की चेष्टा सारी है

बेशुमार हैं कहानियाँ क़िस्से और फ़साने हैं
शायरी के ढंग अनेक और अनेक अफ़साने हैं

दस में से नौ घटनाएँ काम की याद दिलाती हैं
कामातुर धड़कनें आपस में तुक मिलाती हैं

दवा-दरमन माँग रहे हैं उसे जिसको विकार है
कई मर्तबा बेदिल हुआ है यौन का जो शिकार है

कैसे-कैसे नाज़ नख़रे रूख साबुन से माँज रहे हैं
दुख़ियारों को नियाज़ कर वे सुख की भीख माँग रहे हैं

कटोरे में कहाँ नियामत ख़्वाब सजाकर क्या मिलेगा
भिखमंगों के घर के आगे सारंगी बजाकर क्या मिलेगा

खोपड़ी तो जगह है हरेक वासना की
स्वप्न अनुगूँज है उस दमित कामना की

19.3 छाया

मैंने सुना
बुद्धों की नहीं पड़ती छाया
बुद्ध याने लबालब रौशनी
रौशनी का प्रतिबिम्ब रौशनी
छाया रौशनी में ही साकार होती है
इनकिसार की मलिका
अँधेरा देखकर रोती है

मैंने महा प्रण किया
मिटा दूँगा परछाईं
हो जाऊँगा सिद्ध
बन जाऊँगा बुद्ध

परछाईं की सूरत काली
मनको क़तई भाती नहीं
लगता है डर उसे देखकर
शक होता है
कि
बला कहीं जीवन पर हावी तो नहीं हो रही है
क़यामत का पैग़ाम तो नहीं दे रही है

बेतहाशा दौड़ लगाई
इधर भागा
उधर भागा
जिधर भी राह मिली उधर भागा
किसी मुक्तिधाम का पता न लगा

जीतेंगे तो सिर्फ़ उसी से
हम जिसे जानते हैं
अपरिचित से जीतना तबील है
परछाईं से जीत गया वह कौन क़बील है

परछाईं को जानना मतलब स्वरूप को जानना
परछाईं को जानना मतलब बुद्ध बनना
परछाईं तो साथ थी
जिसकी शक्लें सदा निराली
असली रूप न जान सका मैं
मैं हूँ अजनबी अपने अन्दर
खुद को न पहचान सका मैं

कितना दिमाग़ खाली किया
समझाने में मैंने खुद को
हिदायतें दी कई बार
कि भाई
छोड़ो ये लड़ने की बात
तलवारों से खेलकर आदमी रुद्र बनता है
संकीर्ण चीज़ों से लड़कर क्षुद्र बनता है
पर दिमाग़ है कि मानता नहीं
अपना ही इम्तियाज़ सुनता नहीं

मैंने बार-बार अपने से पूछा
कि ऐ मेरे दोस्त
ये तो बता
समस्या क्या है
विवंचना क्या है
परेशानी क्या है
परछाईं से इतने त्रस्त क्यों हो
नाहक़ ही भयग्रस्त क्यों हो

छोड़ो ये जुनून
छोड़ो ये पागलपन
देखो...
जैसे तुम वैसी परछाईं
बदलो तुम बदलेगी परछाईं
यह तो निशानी है ईश्वर की
बदल जाने में है बात भलाई की

यूँ भरे हुए ज़ख़्मों को न उघाड़ो
बेवजह तसवीर को न बिगाड़ो
पर तुम्हारे मस्तिष्क में
जीतने का नशा जो चढ़ा है
तुम्हारे ऊपर
तुम्हारा अपना प्रतिबिम्ब पड़ा है

बाती से राख झटक दो
ज्योति जगमगाएगी
ज्योति को हिला दो
छाया डगमगाएगी

सिद्धान्त बदलो
भाग्य बदल जाएगा
तुम सुधरो
छाया सुधर जाएगी
खुद को पकड़ लो
छाया पकड़ में आएगी।

मंज़िल वहीं कहीं होती है राह जहाँ खो जाती है
राही की भी हालत अकसर वैसी ही हो जाती है

9.4 क्रान्ति

बच्चे का कोई अतीत नहीं
बालक आगे की तरफ़ देखता है
बूढ़े का कोई भविष्य नहीं
गतायु बाँसे हिसाब लेखता है

युवा की आँखें यौन से अन्धी
सूरदास देखे न भविष्य
न देखे अतीत
इन्सान की शक्ल-सूरत
है कमाल की विवश
है कमाल की व्यथित

सभी अपनी दिशा बदलें
भेस नहीं भाषा बदलें
तो
क्रान्ति घट सकती है
उदासी हट सकती है

लोग सभी इस दुनिया को अपनी नज़र से लेखते हैं
सौ-सौ जूते खा के भी घुस के तमाशा देखते हैं

9.5 स्वर्ग-नर्क

तुम कहते हो
नैतिक व्यक्ति आस्तिक है तो स्वर्ग जाता है
अनैतिक व्यक्ति नास्तिक है तो नर्क जाता है
तब उनका क्या
जो अनैतिक हैं पर आस्तिक हैं
नैतिक हैं पर नास्तिक हैं
नास्तिक हैं ना आस्तिक
नैतिक हैं ना अनैतिक
और थाली के बैंगन
जो इस पार कभी तो उस पार कभी

आदम सबूत बातें रास नहीं आतीं
अहसास की कोई ख़बर नहीं देतीं

विचार अक़ील की उपज है
अगुआ बोले
अनुगामी डोले
पनपती हैं धारणाएँ हौले-हौले

जैसी आँख वैसा दर्शन
मोची की नज़र क़फ़स पे
बिल्ली की नज़र इंदूर पे
भूखे की नज़र रोटी पे
बन्दर की नज़र चोटी पे

पक्षियों के पंखों की सुन्दरता तो कवि देखेगा
सीता के गहनों का ख़याल तो लखन ही रखेगा
हर आदमी का अपना घेरा है
उसी हाते के भीतर वह सोचता है
क़ीमत मिलने पर आत्मा भी बेचता है
देखने गया वह सुनता नहीं
सुननेवाला जानता नहीं
जितना सुनना है उतना ही सुनता है
अपनी समझ के अनुरूप कहता है
मसला सिद्धान्त बनकर विचारधारा में बहता है

इन सिद्धान्तों में सत्य नहीं है
खोखले शब्दों में तथ्य नहीं है
अविभाज्य और अकूल है जहाँ
ख़िलकत की इंतहा है कहाँ
सब एक-दूजे से जुड़े हैं
उधर सूरज ठंडा हुआ
इधर हम ठंडे हुए

तुमने तो परिभाषा करके गंगा नहा ली
पुण्यात्माओं को भेजा स्वर्ग
पापियों को भेजा नर्क
ठीक होता अगर भूगोल से भी थोड़ा परामर्श लेते
क्या
प्रकृति की रचना में है ऐसा फ़र्क़

ज़मीन से आँकाया तो मुम्बई से न्यूयार्क है बहुत दूर
पर क्या सूरज से देखा तो ये दूरी इतनी ही है

सारे भोगांश सापेक्ष हैं
चाय के चम्मच से सागर नहीं गिनते
क्षितिज को समस्त की सीमा नहीं मानते

लोग तो लकीर के फ़क़ीर हैं सारे
वे तो लतीफ़े बेच रहे हैं
सच्चाई से बच रहे हैं
तुम्हें सच्चाई की सौगन्ध
सच कहो
क्या परम सत्य को वाक़ई जानते हो
कहीं ऐसा तो नहीं
कि
खुद तो हो बेख़बर
पर डींगमारों ने कहा इसलिए मानते हो

अरे भाई
ये स्वर्ग और नर्क मनगढ़ंत बातें हैं
तथाकथित ज्ञानियों का मनोविज्ञान है
संसार को देखने के ये दो ढंग हैं
कैसा स्वर्ग
कैसा नर्क
सब एक है
एकं सत्यम् एकं नित्यम्
जो भी है एक है
जो भी है यहीं है
यहीं अवतरित होगा स्वर्ग
यहीं दिखाई देगा नर्क
केवल रूपान्तरण की बात है

विधायक ढंग से सोचो
तो
खिलेगा वसन्त
भरेगा रंग
फैलेगा परिमल
उमड़ेगा इन्द्रधनुष
फूटेंगे झरने

खिलेंगे फूल
नाचेंगे मोर
गाएगा पपीहा
बजेगा संगीत
गूँजेंगे गीत
कौंधेगी बिजली
आएगी दिवाली
सजेगी रंगोली
बरसेगी पुलक
झरेगी रौशनी
देख लो स्वर्ग
मना लो उत्सव

निषेधात्मक क़दम
नर्क पहुँचा देंगे
फिर लौट आएगा पतझड़
झड़ेंगी पंखुड़ियाँ
उड़ जाएँगे रंग
कुम्हलाएँगे फूल
छाएगी उदासी
झरेगा अँधेरा
उतरेगा पाताल
तब देख लो अन्धकूप
उत्सव का विपरीत रूप

आज फ़ैसला होने दो
तार्किकों के पीछे जाना है
या खुद भी कुछ जान लेना है

'अलख निरंजन' मिलकर बोलो
भोर हो गई आँखें खोलो।

एक रब है सैकड़ों धर्मों की ज़रूरत क्या है
धर्मों में सौदेबाज़ फ़र्मों की ज़रूरत क्या है

9.6 भाग्य

पथिक पथ से गुज़र रहा था
खटोल ने आकर टक्कर मारी
जीवन यात्रा हो गई पूरी
क़सूर क्या उसका

बारजा में था बैठा बापुरा
ढह गई इरमद गिर गया छप्पर
आफ़त का मारा मर गया दबकर
क़सूर क्या उसका

देखे दुनिया पहले इसके
हो गया हादसा अंडा फूटा
नन्ही जान को मौत ने लूटा
क़सूर क्या उसका

शजर-डाल पर नीड़ बना था
आ गई झक्कड़ टूट गई शाखा
ज़िन्दगी ने फिर दे दिया धोखा
क़सूर क्या उसका

संसार में हर क़सूर की सज़ा नहीं मिलती
कुदरत मानवी विधि-विधानों पर नहीं चलती

कर्म के सिद्धान्त की सीख है
जैसा कर्म वैसा फल
आज की परछाईं होगा कल

कुछ लोग स्वयं को
भविष्य का शिल्पकार मानते हैं
कब वफ़ात का फ़र्मान आएगा
क्या ये तथाकथित शिल्पकार जानते हैं

शिल्पकार तो वही बनेगा
जिसके पास हाथ हो
सुंबी-संबुल साथ हो

गणित ये इतना नहीं है साधा
वदंती में सत्यांश है पर आधा
सच में थोड़ा झूट मिल जाने से
आदमी धोके में आता है
मिलावटी सच तो झूट से भी ज़्यादा
ख़तरनाक बन जाता है

एक न एक दिन ये ताक़तवर भी रोता है
झूठ है कि भाग्य किसी के बस में होता है

नबी साहब को सलाम
उतरे जिन पे कलाम
कि मयाल है कुण्डलाकार
निखंड से है सुनिश्चित
परिधि है मगर अनिश्चित
परिधि में मुमकिन है तग़ीर
पर मध्य है क़ायम मिज़ाज

बात रास आती है
सच्चाई की ख़बर देती है

कदाचन अख़्तर चमक सकेगा
नसीब का अगर साथ मिले तो
कर्म की सोहबत भाग्य चले तो

नीयत पे नहीं उसकी हमें आँखों पे शक है
अन्धे के इरादों में मगर सच की झलक है

9.7 मज़ाक़ रुलाते भी हैं

ख़बर जैसे ही लगी मेरे आगमन की
अपने कमरे से बाहर आ गयी
और
मेरे निकट आकर सोफ़े पर बैठ गयी
अपने कोमल हाथों में
मेरा दायाँ हाथ पकड़कर उसने प्यार से पूछा
क्या हुआ पापा
मैंने पूछा
किस बात का बेटी...

तो बोली...
आप अस्पताल गए थे ना
हालात में कुछ सुधार भी है या नहीं
मेरे मुँह से सहज उद्‌गार निकले
अब होकर भी क्या फ़ायदा

फ़ायदा नहीं, क्या मतलब
उसकी आँखों में जिज्ञासा थी
इलाज करनेवाले डॉक्टरों का निदान है
कि
बच्चे के दिमाग़ में कुछ गड़बड़ी है
मैंने खुलासा किया

उसी से एक और कुतूहलभरा प्रश्न उद्‌भूत हुआ
तो इससे क्या होगा
बच्चा मतिमंद हो सकता है

मैंने उत्तर तो दिया
पर उत्तर में से फिर प्रश्न को जगह मिल गई
तो क्या होगा
मैंने कहा...जो होगा सो होगा
हम क्यों फ़िक्र करें
उसके माँ-बाप को ही फ़ैसला करना होगा

अगला प्रश्न तैयार था
कैसा फ़ैसला
उपचार जारी रखें या बन्द करें
मैंने संक्षेप में जवाब दिया

बन्द करने से क्या होगा
सवाल जवाब का सिलसिला जारी
मेरा उत्तर बना बनाया था -
वही होगा जो मंजूर-ए-खुदा होगा

क्या मतलब
मैंने अपने ही अन्दाज़ में कहा -
मतलब कुछ भी हो सकता है
सम्भव है कि उसकी जीवन यात्रा यहीं पर ख़त्म हो जाए

यानी मर जाएगा
उसने व्याकुल होकर पृच्छन किया
मैं ज़रा भड़क गया
मैंने कहा
जीकर भी क्या कुतुब बनेगा
क्या जीना इतना आसान है
और वह भी ऐसे बदनसीबों के लिए
जो पराधीन और अधूरे हैं
भलाई इसी में है कि वे मर जाएँ

उन्हें अपनी पीड़ाओं से छुटकारा
और माँ-बाप को भी राहत
उसे रोकना मुश्किल ही था
उसने तत्काल अगला सवाल उठाया
उपचार रोककर भी न मरा तो
मैंने तंग आकर जवाब दिया
तो एकाध टीका लगा देंगे

किस बात का टीका पापा
मर जाने का
यानी उसे मार डालोगे
वह बेइंतेहा जज़्बाती हो गई

अरे भाई, बच्चा उनका है
समस्या उनकी है
फ़ैसला उन्हें करना है
ख़्वाहमख़्वाह तुम क्यों परेशान हो रही हो
मैंने ज़रा गुस्से में कहा
पर फ़ायदा कुछ नहीं
वह फिर पूछने लगी

क्या माँ-बाप ऐसे होते हैं
मैंने ऊबकर कहा
मुझे क्या पता
तुम खुद जाकर बाल आश्रमों को क्यों नहीं पूछतीं
मैं इतना ही जानता हूँ
कि
दुनिया अपना मतलब खोज रही है
अपनी शान बचाने के लिए
दूसरों की जान लेने से नहीं हिचकती

बात को चतुराई से मोड़ देते हुए वह बोली
पापा मैं भी तो वैसी ही हूँ
तो क्या मुझे भी...
मैंने मसख़री में कहा
हाँ तुम्हें भी टीका लगवा देंगे

मुझे क्या पता कि मसख़री इस तरह चुभेगी
वह निराश होकर बोली
पर पापा मैं मरना नहीं चाहती

मुझे अपनी ग़लती का तो अहसास हुआ
मगर देर हो गई
अब क्या फ़ायदा
गुस्ताख़ी तो कब की हो चुकी थी
मैं उसे मनाने की कोशिश करने लगा
अरी पगली, मैं तो यूँ ही मज़ाक कर रहा था

उसका प्रत्युत्तर तीखा था
मगर मैं तो मज़ाक नहीं कर रही हूँ
मुझे मज़ाक नहीं आता
दुनिया जिनका मज़ाक उड़ाती है
वे मज़ाक नहीं उड़ाते
नेत्रहीन पतंग नहीं चढ़ाते
ज़िंदगी ने इतना मज़ाक किया है कि
और मज़ाक भाता नहीं
औरों पे हँसना आता नहीं

उसकी मासूमियत से मैं भी टूट गया
मैंने कहा
बेटी तुम्हें क्या हुआ है
ये कैसी बहकी-बहकी-सी बातें कर रही हो
अच्छे बच्चे ऐसा नहीं कहते

उसकी आँखें डबडबा आईं
और भावविह्वल होकर वह बोली
पापा आपने बात मज़ाक़ में कही
पर बिल्कुल दुरुस्त कही

मैंने पूछा -
क्या
लरज़ते हुए वह आर्नव करने लगी
पापा एक और बला को दुनिया से भगा दो
आज मुझे भी एक टीका लगवा दो
मैं किसी की मुसीबत बनना नहीं चाहती
मज़ाक सुनना नहीं चाहती
मैं आत्म त्याग करना चाहती हूँ
पापा
मैं मरना चाहती हूँ
आपको परेशानी से आज़ाद करना चाहती हूँ

विमनस्क बाप ने
बेऽऽटी...कहते हुए
विलाप में उसे सीने से लगाया
तब सन्नाटा-सा छा गया
दोनों की आँखों से आँसू झरते रहे
मोती टप-टप फ़र्श पर गिरते रहे
वे अश्क सूचित कर रहे थे
कि
सभी मज़ाक हँसाते नहीं
मज़ाक कभी-कभी रुला देते हैं
शब्द तेज़ाब कलेजे को जला देते हैं

बच्चे तो बच्चे हैं उनकी बात बड़ी बचकानी है
बाप तो सबके बड़े हैं लेकिन उनमें भी नादानी है

9.8 मुझको उठा लो

देखा दर्पण ठिठक गया वह
झाँई तनहा उदास खड़ी थी
छोटे ने बड़े अदब से पूछा
ऐसी हो क्यों उखड़ी-उखड़ी
उसने अपनी जुबान खोली
और परछाईं उखड़ के बोली
उदासी का क्या जश्न मनाऊँ
कैसे खुद को महान बनाऊँ
तुमसे तो मैं ऊब गई हूँ
विरूपन में ही डूब गई हूँ
सदा हार और सदा हार
हारें भी तो कितनी बार
बात बनेगी हिम्मत जुटा लो
मैं गिरा हूँ मुझको उठा लो

है विरासत बड़े मियाँ की
बड़े मियाँ की बड़ी हैं बातें
दिन विलासी आयासी रातें
नहीं हैं भोले ना वे सादे
बड़े मियाँ हैं अमीरज़ादे
जैसे हैं वे वैसे नहीं हैं
ठीक से समझो कैसे नहीं हैं
आसमानों से रिश्ता उनका
आम नहीं है रस्ता जिनका
चनाक्ष हैं भाई चतुर हैं
अपने हैं पर फ़ितूर हैं
घुटाए हुए हैं उनके पूरे

तुम भी अपने घुटने घुटा लो
मैं गिरी हूँ मुझको उठा लो

अदब-लिहाज़ उनके शौक़
चमचों से ही भरा है चौक
श्वेत कालर की ये चोरी
हुड़दंग और वह सीनाज़ोरी
लफ़्फ़ाज़ों की ये है रीत
लाओ थैली ख़रीदो जीत
गालों पे वो देखो लाली
शंपा तो है उनकी साली
शंपा से वे झटका देंगे
तूफ़ाँ गले में लटका देंगे
पाश गले का ज़रा हटा लो
मैं गिरी हूँ मुझको उठा लो

यूँ डगमगाए फिरते हैं
शौक़ीन शिकार करते हैं
पानी छानकर पीते हैं
वंचक मौज से जीते हैं
चिड़ियाँ-चुनमुन आखेट उनके
अखण्ड गटक लेते हैं
ताक़त जिनके हाथों में
फ़ैसले उनके हितों में
बस्तियों में आग लगी थी
आँखों में था नीर तुम्हारे
अश्रु से क्या आग बुझेगी
ना अंगारों से सेज सजेगी
गले में शराफ़त का वह फंद है
पीड़ित की आवाज़ बंद है
यूँ न अपनी नाक कटा लो
मैं गिरी हूँ मुझको उठा लो
क़समे-वादे निभानेवाले

जफ़ाकशी है काम तुम्हारा
शीशमहल के गलियारों में
चरणदास है नाम तुम्हारा
दरवाज़े पर भौंकने वाले
बिरादरी को रोकनेवाले
रीढ़ तो सीधी करना सीखो
खुद को परखो खुद को देखो
घुटनों पे जब झुकते हो
बेहद बेबस लगते हो
औरों को नहीं खुद को पटा लो
मैं गिरी हूँ मुझको उठा लो

देखो मेरा हाल तो देखो
सितम होते मुझ पर रोको
आया है दिल तंग इतना
मुझपर बसा है जंग कितना
दशा मेरी है अज़हद बुरी है
साथ तुम्हारा मजबूरी है
सोचा पर ना भाग सकी मैं
लिहाजा तुम संग हूँ रुकी मैं
ग़ौर से मेरी सूरत देखो
पोंछ दो आँसू पतन ये रोको
हिरास छोटा सिसकके रोया
बीती रैन सो नहीं पाया
परछाईं विनीत होकर बोली
इस तहज़ीब की कर दो होली
छोटेपन का कलंक मिटा दो
मैं गिरी हूँ मुझको उठा लो

मजबूर हैं टकराव की हिम्मत नहीं करते
दुनिया में भिखारी तो बगावत नहीं करते

9.9 क़दामत पसन्द

तुमने ईसा को सूली दी
क्या सत्य की घोषणा अपराध है
तुमने मन्सूर की हत्या की
क्या अनलहक़ का उद्घोष पाप है
तुमने सुक़रात को ज़हर पिलाया
क्या सत्य की खोज अभिशाप है

महावीर के कानों में खूँटियाँ ठोंकीं
क्या मुजरिम कोई और था
प्रभु राम को वनवास दिया
क्या कारस्तानी कोई और था
माँ सीता पर सन्देह जताया
क्या मक्कार कोई और था
नहीं...कोई और नहीं
तुम ही थे
वह तुम ही हो

पीरों को मिटा देते हो
पत्थरों में शक्लें घोंपकर
मन्दिर में बिठा देते हो
होश में तो हो
क्या माजरा है
तुम्हें क्या हुआ है

कैसे बेशर्म हो
अपने किए पर ज़रा भी खेद नहीं

वही सोच
वही लीक-पीट
बूढ़े हो कि युवा यत्किंचित् भेद नहीं
तुम सोचते होगे
दुनिया बदलेगी तब हम बदलेंगे
कौन बदलेगा
कब बदलेगा
अब तक क्यों नहीं बदला
तुमने न बदलने का वचन तो नहीं दिया
तुमने कोई ख़तरनाक नशा तो नहीं किया

आज एक साथ लड़ने को तैयार हो
तब कहाँ थे
जब हुक्मों की तामील हो रही थी
तुम्हारे समर्थकों के क़ाफ़िले कहाँ थे

इतिहास में जो खो दिया
क्या भविष्य में उसे पाओगे
दीया विवेक बुझा-बुझा
क्या उसे फिर जलाओगे

कितनी सदियाँ आईं
कितने रहनुमा उतरे
कितने बुद्ध आए
कितने शास्त्र लिखे
कितने शासक आये नाकाम हुए चले गए
तुम मगर वहीं के वहीं
वही ज़िद
वही दस्तूर
उखड़ी-उखड़ी बातें वही
सोच में सुधार ज़रा भी नहीं
सदियाँ सदा नई थीं

पर तुम थे सदा क़दामत पसंद
परम्परा को सीने से लगाने वाले

सन्देह नहीं कि
तुमने नूतन निर्माण किया है
पर नक़्शा तो है वही पुराना
सड़ी लाशों से दुर्गंध आएगी
ज़िन्दगी विषाक्त बन जाएगी

गिराने में यद्यपि पीड़ा तो होगी
मगर चिराना हर हाल में गिराना पड़ेगा
खँडहरों का जीर्णोद्धार करना पड़ेगा
हर क्षण नया है
नवनीत के साथ ताल मिलाना पड़ेगा
जदीद का ढाँचा बनाना पड़ेगा

क्या तुम्हें भरोसा है
कि
आज भी ईसा पैदा हुए
तो सुलूक तुम्हारा भिन्न होगा
क्या तुम्हें लगता है
कि
गाँधी फिर लौट आते हैं
तो चैन से उन्हें जीने दोगे
अहिंसा का इलहाम होने दोगे

तलवारों पर शान्ति के वचन खोदने भर से
हिंसा कभी घटती नहीं
कितनी भी गर्दनें उड़ा दो
हिंसा से हिंसा मिटती नहीं

देखो
तुम्हारे अतीत से भविष्य बहुत बड़ा है

बना दो उसे सुन्दर
खिलने दो फूल
आने दो महक
गूँजने दो गीत
पनपने दो प्रीत

बेशक, निभूत की बिदाई पीड़ा है
पर पीड़ा को बर्दाश्त करना पड़ेगा
दिमाग़ में होश को भरना पड़ेगा
वरना तौबा ही करते हुए मरना पड़ेगा

बिल्ली रस्ता काटती तब चोटें चूहे खाते हैं
बिल्ली इनकी कौन है, आख़िर लौट क्यों सब आते हैं

9.10 अँधेरा

फ़लक की अँधेरी गुफा में
सितारे संभूत होते हैं
पहली बार देखकर उजाला
भयभीत बालक रोते हैं

अँधेरे से डरती हैं वे सारी
जिन आँखों ने उजाला देखा है
गगनराज का प्रताप देखकर
चश्मदीद सदा चौंका है

कुछ नहीं था तो था अँधेरा
कुछ न होगा तो होगा अँधेरा
उजाले को डिगाना मुमकिन है
कभी नहीं हटता वह है अँधेरा

अँधेरे की औलाद यह संसार
फूल बीज से ईर्ष्या करते हैं
अपनी असलियत से बेज़ारी
ये होशमंदी से डरते हैं

उजाला यानी उपद्रव
नींद की दवा लो पी लो अँधेरा
शान्ति नगर का नीरव निवासी
त्रिकाल जवाँ देख लो अँधेरा
जहाँ अँधेरा एकान्त वहाँ पर

एकान्त की दिशा में अंतर्मुख
आत्मा की लौ बुझी है अन्दर
वहाँ न शान्ति है न सुख

देर है मंज़िल दूर है
जगत् में अंधेर भरपूर है
अन्धें हैं अन्धों के रहनुमा
बेख़बर जींगन मग़रूर है

बदरी काली कजरा काला
माटी काली अँधेरा काला
काली रात से उषाकाल है
काला है तो है उजियाला

जड़ अँधियारे में होती है
ऊपर जो है तना होता है
बिजली जब भी चमक उठती है
और अँधियारा घना होता है